KB001199

윤재성의 소리영어 66일 TRAINING

우리말처럼 영어 말문이 터지는 3단계 발성 훈련법

윤재성의 소리영어 66일 TRAINING

윤재성 지음

BEYOND A·L·L

윤재성의 소리영어 66일 TRAINING

■ '윤재성의 소리영어'는 어떤 방법인가요?

『윤재성의 소리영어 66일 TRAINING』은 아이들이 부모님의 말을 듣고, 따라 말하는 과정을 통해 모국어를 배우는 것처럼 영어를 소리로 배우는 본능적인 방법입니다. 그러나 이런 방식으로 영어를 배우기 위해서는 우선 소리를 선명하게 들을 수 있어야 한다는 전제조건이 있습니다. 그러나 우리나라 사람들 대부분의 문제는 아는 단어조차 잘 듣지 못한다는 것입니다. 우리말과 영어의 발성에는 차이가 있는데, 이를 인지하지 못한 채 우리가 발성하는 방식대로 소리를 들으려 했기 때문에 아는 단어도 잘 들리지 않는 것이지요. 원어민들이 우리가 구사하는 영어를 잘 알아듣지 못하는 이유도 마찬가지입니다. 우리는 우리식의 발성법대로 영어를 말하기 때문에 원어민들이 잘 알아듣지 못하는 것입니다.

이런 문제를 해결하기 위해서는 영어의 '진짜 소리'가 무엇인지 인식하고, 그 소리가 귀와 입에 익을 때까지 반복적으로 듣고 소리 내는 연습을 해야 합니다. 이것은 당연히 책을 읽는다고 해결되는 문제가 아니기 때문에 저자의 강의를 통해서 듣고, 소리 내는 연습할 수 있도록 음성강의를 제공하였습니다.

■ 트레이닝은 어떻게 구성되나요?

이 책과 함께 제공되는 CD에는 기초발성연습을 비롯해 하루 평균 10분 정도 분량으로 구성된 강의가 들어있습니다. 그리고 각 문장별로 원어민의 음성을 듣고, 따라 말하는 연습도 할 수 있도록 되어 있습니다. 강의 자료는 원어민의 실제음성이 들어간 영화를 사용합니다. 비원어민을 위해 스튜디오에서 녹음된

가짜 소리가 아닌 실생활에서 들을 수 있는 소리로 연습을 하는 것입니다.

총 9개의 영화 장면을 발췌해서 1주일씩 연습을 하게 되는데, 매 주의 첫 강의를 듣기 전에는 평균 15문장으로 구성된 한 장면의 전체 음성을 들어보고, 소리가 얼마나 들리는지 확인하는 과정을 거칩니다. 그리고 나서 5일에 걸쳐 등장하는 문장들을 차례대로 연습한 뒤에 6일째 되는 날 전체 음성을 듣고 강의 효과를 체험하게 됩니다. 마지막 7일째에는 복습을 하게 되는데, 이를 통해 영화의 한 장면을 우리말처럼 선명하게 듣는 훈련을 완성 하게 될 것입니다.

■ 얼마나 연습해야 하나요?

이 방법은 매우 단순하고 본능적이지만 꾸준하게 오랫동안 연습을 해야 효과를 볼 수 있습니다. 하루 종일 영어에 매달려서 꾸준히 연습하라는 것은 아니고, 1주일에 5일, 하루에 최소한 30분씩만 연습하면 1년 후에는 소리를 완벽하게 듣게 됩니다. 하루 연습량이 많으면 이 기간은 단축될 수 있지만 중요한 것은 꾸준하게 연습하는 것이기 때문에 초반에 너무 무리하면 안 됩니다. 그래서 하루에 30분 정도만 하더라도 마라톤을 하듯이 자신의 상황과 능력에 맞는 학습 스케줄을 짜서 꾸준히 연습하길 권하는 것입니다.

■ 알파벳을 몰라도 되나요?

이 방법으로는 알파벳을 몰라도, 심지어 눈이 보이지 않아도 영어를 배울 수 있습니다. 음성강의에서 설명하는 대로 영어의 진짜 소리를 듣고, 따라서 소리 내는 연습을 하면 되기 때문입니다. 글을 읽지 않고 어떻게 영어를 배우는지 의아해하는 분들이 있습니다만, 앞서 말했듯이 아이들은 소리만 듣고도 말을 완벽하게 익힙니다. 선천적인 청각장애인들은 소리는 낼 수 있어도 말을 하지는 못하지만, 맹인들은 읽고 쓰지는 못하더라도 말은 합니다. 문맹자들도 마찬가지입니다.

즉, 『윤재성의 소리영어 66일 TRAINING』의 핵심은 소리를 듣고 말을 배우는 것이지, 글을 배우는 것이 아닙니다. 이 책에는 맨 처음 배우고자 하는 문장들을 들리는 그대로 적어보는 과정이 있습니다. 그리고 뒷장에는 각 문장들에 대한 영문과 뜻도 적혀 있습니다. 이는 절대로 글을 아는지 테스트해보는 것도 아니고, 글을 가르치기 위함도 아닙니다.

들리는 소리를 적어보는 것은, 강의를 듣기 전 자신이 영어를 얼마나 잘 듣는지, 강의를 들은 후에 얼마나 잘 들리게 되었는지를 확인하기 위해 필요한 과정일 뿐입니다. 그러므로 스펠링을 모르거나 잘 들리지 않는다면 한글로 적어도 좋습니다. 이 과정을 통해 나중에 소리를 제대로 들었는지만 확인하면 됩니다. 그리고 각 문장들에 대한 영문과 뜻을 제공하는 이유는 들은 소리를 정확하게 확인해볼 수 있도록 하고 단어나 문장의 뜻을 궁금해하는 분들을 위해서 입니다. 뜻과 단어는 절대로 외우려고 하지 말고 이런 용도로만 참고하십시오.

■ 단어 공부를 전혀 안 해도 되나요?

단어도 절대로 공부할 필요가 없습니다. 지금 가장 중요한 것은 정확하게 소리를 듣고 내는 것입니다. 단어를 많이 알면 이런 과정이 수월할 수도 있겠지만 단어를 공부하는 일에 시간을 투자할 바에는 소리를 정확하게 듣는 일에 시간을 투자하는 것이 더욱 효율적입니다. 게다가 강의를 듣다 보면 저절로 단어나 문장의 뜻도 알게 되고, 암기도 됩니다. 아이들이 단어를 공부하지 않아도 말을 배우는 과정을 통해 저절로 단어와 문장을 익히는 것처럼 말이지요.

종종 글을 쓰려면 단어의 철자를 외워야 하지 않느냐고 묻는 분들도 있습니다. 하지만 생각해 보십시오. 우리가 한글을 배울 때는 모든 단어를 철자까지 외워서 쓰는 것은 아닙니다. 한자 같은 뜻글자는 모든 단어를 외워야 하지만, 한글이나 알파벳 같은 소리글자는 굳이 어렵게 단어를 글로 외우지 않아도 기본적인 구조만 알면 대부분의 단어를 글로 쓸 수 있습니다. 단지 몇 가지 철자법에 예외적인 단어들만 알아두면 됩니다.

■ 초급자도 할 수 있나요?

『윤재성의 소리영어 66일 TRAINING』을 하기 위해서는 어휘력이나 문법실력 등은 중요하지 않습니다. 할리우드 영화에 나오는 원어민의 실제 음성을 통해 소리를 듣는 것부터 시작하기 때문에 누구나 같은 강의내용로 배우게 됩니다. 실제로도 분당 '윤재성 영어' 센터에서는 초등학생부터 70대 노인분들까지 같은 자료로 연습하고 있습니다.

다만, 영어의 진짜 소리를 아느냐 모르느냐, 혹은 발성이 익숙

하나 그렇지 않느냐의 차이는 있습니다. 영어의 진짜 소리를 모르고 발성도 미숙한 사람은 기초단계부터 시작하면 되고, 이 두 가지를 모두 잘하는 사람은 완벽해질 때까지 계속 실력을 다듬어나가면 됩니다. 그리고 초급자분들을 위해 처음에는 짧은 문장 위주로 연습을 하고, 긴 문장이 나오는 경우에는 하루에 연습하는 문장의 수를 줄이는 구성으로 부담을 덜었습니다.

물론 이미 아는 단어나 문장이 많은 사람들, 혹은 발성을 배우는 감각이 뛰어난 사람들은 초급자에 비해 좀더 빨리 배울 수 있지만 기간의 차이만 있을 뿐 영어를 배우는 방법과 누구나 반드시 영어를 완벽하게 배울 수 있다는 사실은 모두 같습니다.

■ 아이들도 할 수 있나요?

이 방법은 영어를 처음 배우는 아이들에게 매우 적합합니다. 우리말을 배운 것처럼 소리를 통해서 영어를 배울 수 있기 때문에 지겹게 공부하지 않아도 되며, 영어 배우기에 대한 편견이 없어서 성인에 비해 소리에 더 잘 집중하기 때문입니다. 그리고 아이들은 반드시 이 방법으로 영어를 배워야 합니다. 초기에 제대로 된 영어발성법을 익히는 것이 나중에 우리식 영어발성이 익숙해진 후에 교정하는 것보다는 훨씬 수월하기 때문입니다.

■ 왜 66일인가요?

말은 습관입니다. 단어를 외우고, 문장 구조를 공부하면 생각을 해서 말을 하게 될 뿐, 무의식적으로 말할 수는 없습니다. 반복적인 연습을 통해 많은 소리를 듣고 내다보면 무의식적으로 하게 되는 것이 바로 '말'입니다. 단, 우리가 이런 방식으로 영어를 배우기 위해서는 영어의 진짜 소리를 듣고, 낼 수 있어야 합니다. 그러나 우리는 발성하는 방법이 서양인들과 달라서 영어의 진짜 소리를 듣지도, 내지도 못합니다. 우리가 발성하는 습관대로 영어를 구사하기 때문입니다. 그러므로 우리가 영어를 완벽하게 배우기 위해서는 '영어식 발성 습관'을 들여야 합니다.

트레이닝이 66일간 진행되는 것은 어떤 행동을 '최소 66일' 동안 반복하면 습관으로 굳어질 수 있다는 영국 런던대학의 연구결과를 접목시켰기 때문입니다. 영국 런던대학 연구팀은 실험 참여자들에게 간단한 행동을 매일 반복해서 실천하게 지시했습니다. 그 결과 '평균 66일'이 되어야 그 행동이 습관으로 자리 잡게 된다고 밝혔는데, 이는 KBS 특집 다큐멘터리 '꼴찌탈출! 습관 변신 보고서'에서 실시한 실험으로도 확인되었던 내용입니다. 영어는 분명 빠른 시간 안에 배울 수 있는 것은 아닙니다. 그러나 좋은 습관이 훌륭한 사람을 만들 듯이, 입과 귀로 영어식 발성 습관을 들이면 영어도 '모국어'처럼 완벽하게 배울 수 있습니다.

66일간 이 책에서 제시하는 하루 평균 세 문장을 지속적으로 연습하고 복습한다면 꾸준히 연습하는 습관이 들고, 한 번에 다 배우기 어려운 영화의 주요 내용들을 미리 연습함으로써 영화 한편을 완벽하게 끝낼 수 있는 기초체력이 생길 것입니다. 먼 길을 꾸준히 가야 하기 때문에 처음부터 무리해서 빨리 끝내려 하지 말고 일단 66일 트레이닝이 가이드하는 스케줄대로 매일 실천하는 데 주력하십시오.

꾸준함을 유지하는 일은 매우 어렵습니다. 실제로 많은 온라인, 오프라인 수강생들이 가장 어려워하는 것은 학습법이 아니라 바로 '꾸준함'입니다. 일단 꾸준하게 연습하는 습관만 들이면 지속할 수 있지만 그전에 포기하는 분들이 더 많습니다. 66일간의 트레이닝으로 영어식 발성 습관과 꾸준히 연습하는 습관을 들이세요. 이것이 영어 배우기의 기본입니다.

66일 트레이닝 방법

■ 음원의 활용법은?

이 책에서 제공하는 음원의 종류는 '문장반복', '강의', '장면반복' 세 가지입니다. 제일 먼저 들어야 할 것은 '문장반복'입니다. 소리를 들리는 그대로 적어서 자신의 상태를 확인해보는 것입니다. 이때는 소리가 얼마나 들리는지 체크하는 것이 목적이므로 스펠링을 모른다면 한글로 적어도 좋습니다.

다음으로 '강의'를 듣고, 제가 가이드 하는 대로 소리를 입으로 따라서 내보십시오. 강의를 듣고 직접 소리를 내보면 소리를 귀로 익히는데 훨씬 효과적일 뿐 아니라 자연스럽게 입으로도 익힐 수 있습니다.

'강의'를 연습한 후에는 자투리 시간을 활용해서 '문장반복'을 반복해 들으세요. 출퇴근 시간이나 통학 시간에 음악 대신 이 소리만 반복적으로 듣는 것입니다. 매일 듣는 노래를 무의식적으로 흥얼대게 되듯이 영어도 저절로 흥얼대게 될 것입니다.

마지막으로 '장면반복'을 들으세요. 5일간 연습했던 하나의 장면을 통째로 들어보면서 얼마나 실력이 향상되었는지 확인할 수 있고, 영화의 한 장면이 선명하게 들리는 기쁨도 맛볼 수 있습니다.

■ 지시사항 정리

이 책에는 다음과 같은 '지시사항'들이 반복적으로 등장합니다. 효과적인 트레이닝을 위해 각각 어떤 의미의 지시사항들인지 확인한 후에 따라주세요.

STEP 1 각 '문장반복'을 한번만 듣고, 들리는 대로 쓴다

스펠링이나 안 들리는 문장은 신경 쓰지 말고, 들리는 그대로만 쓰면 됩니다.

STEP 2 '강의'를 듣고 연습한다

강의를 듣고, 직접 소리를 내면서 연습합니다. 추가로 STEP 1에서 안 들렸던 문장이 무엇이었는지, 들었다고 생각했지만 틀린 것은 무엇이었는지 체크해서 메모합니다.

*** STEP 2를 마칠 때까지는 절대로 뒷장에 있는 영문을 확인하지 마세요!**

STEP 3 '문장반복'을 들으며 복습한다

틈나는 대로 '문장반복'을 들으며 소리가 귀에 익을 때까지 듣습니다. 특히 STEP 2에서 체크해 두었던 소리를 주의 깊게 듣고, 직접 소리 내는 연습을 하는 것이 좋습니다.

STEP 4 자신의 소리를 녹음해서 듣고 원음과 비교해본다

연습 시에는 자신의 소리를 녹음해서 원음과 비교해야 합니다. 원음과 자신의 발음이 어떻게 다른지를 파악해 문제점을 개선해야만 실력을 향상시킬 수 있습니다.

이 훈련 STEP은 미국의 MIT에서 교수를 역임한 '존 마에다'가 그의 저서인 『단순함의 법칙The Laws of Simplicity』에 기술한 '가장 효과적인 학습 법칙'에 따라 실행하시면 더욱 효과적입니다.

- 기본에 충실한다

적용 ➡ 진짜 소리를 듣는 일에만 집중하세요

- 충분히 반복한다

적용 ➡ 정확하게 들릴 때까지 반복해 들으세요

- 초조해하지 않는다

적용 ➡ 초조해하지 말고 꾸준히 들으세요

- 실례를 많이 활용한다

적용 ➡ 실제 영어 소리가 들어있는 영화나 드라마를 들으세요

- 반복하는 것을 절대 잊지 않는다

적용 ➡ 포기하지 말고 듣고 말하는 연습을 반복하세요

- 존 마에다, 『단순함의 법칙』, 럭스미디어, 2007, p72.

■ 연습 스케줄은?

밥을 먹다가 배가 부르면 그만 먹어야 합니다. 배가 부름에도 아깝다고 무리해서 다 먹었다가는 배탈이 날 수 있기 때문이지요. 연습도 마찬가지입니다. 하루 평균 세 문장을 연습할 수 있도록 책을 구성한 것은 모든 문장을 하루에 다 마쳐야 한다는 뜻이 아닙니다. 여러 수강생들을 지켜본 결과 하루에 세 문장을 연습하는 것이 일상생활에 지장을 주지 않고 연습할 수 있는 최대치이기 때문에 그렇게 정한 것입니다.

저는 본업과 일상생활에 쏟아야 할 시간을 영어에 빼앗기면서까지 영어를 배울 필요는 없다고 생각합니다. 시간을 많이 빼앗기면 영어 배우기가 부담스러워지고 꾸준히 하기 어려워지기 때문입니다. 게다가 30분 정도만 강의를 들으며 소리 내는 연습을 하고, 출퇴근 시간이나 통학 시간 등 자투리 시간을 활용해서 음원을 반복적으로 듣기만 해도 충분한 효과를 얻을 수 있습니다.

66일 트레이닝을 66일에 다 마쳐도 좋고, 하루 분량을 반으로 줄여 132일에 마쳐도 좋습니다. 하루에 한 문장씩만 연습하고 나머지는 버리는 방식으로 66일만 해도 좋습니다. 중요한 것은 '꾸준한 연습 습관'을 들이는 것, 그리고 영어의 진짜 소리를 귀와 입에 배이게 하는 것입니다. 만약에 하루에 10문장씩 매일 꾸준하게 지속할 수 있다면 더 빨리 좋은 결과를 얻을 수도 있겠지만 자신의 본업과 취미생활 등을 하면서 이렇게 연습할 수 있는 사람은 적을 것입니다.

결론적으로 우선 첫 강의를 들어보고 자신에게 맞는 분량을 정하는 것이 좋습니다. 어떤 날은 하루에 세 문장이 모자랄 수도 있고, 어떤 날은 하루에 한 문장도 벅찰 수 있습니다. 그렇다 하더라도 무리하지 말고 개개인의 상황과 능력에 맞추어 정해진 스케줄대로 꾸준히 연습하십시오.

■ 66일 트레이닝이 끝나면?

66일간의 트레이닝이 끝나면 여러분은 영어식 발성 습관을 들일 수 있게 될 것입니다. 이를 기초로 다른 할리우드 영화나 미국 드라마를 통해 좀더 다양한 소리를 듣고 내는 연습을 하셔야 합니다. 제가 제안드리는 기간은 약 1~2년입니다. 보통 처음 영화 한편을 완전하게 연습하는데 6개월 정도가 걸리고 점차 속도가 붙어 2~4편의 영화를 완벽하게 연습하면 대부분의 영어 소리를 알아듣게 되는 것입니다. 이후의 연습은 혼자 하셔도 좋고, '윤재성 영어' 홈페이지(www.hearsayenglish.com)를 통해 지속하셔도 좋습니다.

66일 트레이닝 START

기초연습 1

DAY 01

월 일 요일

■ 기본 발성 연습하기

이 트레이닝을 하기 위해서 가장 먼저 해야 할 일은 발성법 습득입니다. 영어식 발성은 삐쳤을 때 "흥!"하고 콧바람을 내면서 하는 발성과 같은 원리입니다. 태권도를 할 때 "얍!"하고 기합 소리를 내는 것과도 같습니다. 또는 강아지가 "멍! 멍! 멍!"하고 소리를 끊어서 짖는 발성과 같다고 생각하셔도 좋습니다. 소리를 들으면서 음파 이미지로 확인해보세요. 분명한 차이가 있습니다. 이것이 영어의 진짜 소리와 우리말 소리의 차이점입니다.

이 연습을 충분히 해야 나중에 긴 문장의 소리를 내는 데에도 도움이 될 것입니다. 그리고 나중에 문장으로 트레이닝을 하면서 발성하기 어려운 단어가 나오면 이 연습을 몇 번 해보고 다시 시도해보세요. 마치 골프나 야구를 할 때 스윙을 하기 전, 연습으로 몇 번 휘두르는 것과 같은 원리로 발성하는 데 큰 도움이 될 것입니다.

CD 1 01

1. 직접 소리내보세요: 흥!(콧방귀 소리)

우리식 발성	영어식 발성
흥흥흥흥흥흥흥흥흥흥	흥 흥 흥 흥 흥 흥 흥 흥 흥 흥

2. 직접 소리내보세요: 얍!(기합 소리)

우리식 발성	영어식 발성
얍얍얍얍얍얍얍얍얍얍	얍 얍 얍 얍 얍 얍 얍 얍 얍 얍

기초연습 2

DAY 02

■ 알파벳과 단어로 발성법 연습하기

알파벳 A~Z, 그리고 연관된 쉬운 단어부터 정확하게 발성하는 법을 연습해보세요. 그동안 우리가 알고 있던 소리와는 다를 것입니다. '네이버'나 '다음' 등 인터넷 포털 사이트에서 제공하는 영어사전에서 이 단어들을 찾아보면 뜻은 물론이고 원어민의 발음도 들려주는데요. 강의를 들은 후에 한 번 찾아서 들어보세요. 그리고 앞으로 사전에서 단어를 찾을 일이 있으면 반드시 소리를 확인하고 발음을 연습하는 습관을 들이세요.

CD 1 02

A	apple	B	bat
C	cat	D	dog
E	egg	F	fall

G	green	H	high
I	ink	J	jet
K	kettle	L	lemon
M	man	N	nap
O	orange	P	poll
Q	quiz	R	road
S	song	T	talk
U	unit	V	volt
W	white	X	x-ray
Y	young	Z	zebra

기초연습 3

DAY 03

■ 영어 문장으로 발성 연습해보기

이번에는 문장으로 발성을 연습해보세요. 앞으로 계속 문장으로 연습을 하게 될 텐데 처음에는 쉽지 않을 것입니다. 기존에 영어를 말하던 습관이 들었기 때문이기도 하고, 문장이나 단어의 의미에 신경을 쓴다거나, 문장을 외우려는 습관도 발성에 집중하는 것을 방해합니다. 그러므로 이 과정을 통해 앞으로도 반드시 발성에만 집중해서 연습하는 습관을 들이세요.

기본적인 발성법 위에 소리를 입힌다고 생각하고, 먼저 문장을 말할 때 나오는 리듬과 음은 살려 "흠흠흠~"이라고 발성만 말해보세요. 그 다음에 그 발성 위에 문장 소리를 입혀서 말해보세요.

CD 1 03

· **I can do it.**

흠 흠 흠 흠

I can do it

· **I believe I can do it.**

흠 흠 흠 흠 흠 흠

I believe I can do it

· **I will complete this training.**

흠 흠 흠 흠 흠

I will complete this training

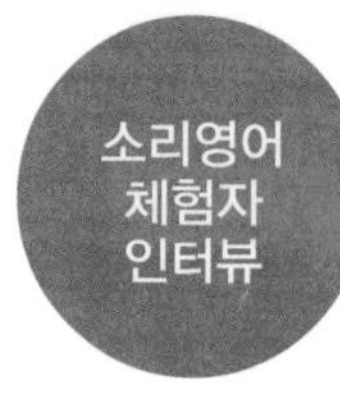

★ 단 6일 만에 이런 변화가 오다니!

-mikie805('윤재성 영어' 온라인 회원)

소리영어를 시작한지 이제 6일째입니다. 좀 이른 감이 없진 않지만 놀라운 사실을 겪었기에 참기 어려워 몇 자 올립니다. 단 6일 만에 삼십 년 넘게 해온 영어에 대한 접근방법이 바뀌었기 때문입니다. 삼십 년 넘게 수도 없이 영화나 드라마를 보고 들으면서 무슨 뜻인지 알아들으려 애를 썼는데 뜻은커녕 소리도 듣지 못했습니다. 그런데 '윤재성의 소리영어'를 시작한지 6일 만에 영화를 보는 방법이 달라졌음을 깨닫고는 놀랍고 감사한 마음에 이렇게 글을 올립니다.

저도 인지하지 못하는 사이에 뜻을 알려고 애쓰지 않고 소리만 들으려는 자세로 변해있더군요. 그런데 이게 웬일입니까? 들리는 소리는 물론이고 완벽하게 알아듣지 못하는 소리조차도 해석을 하려고 노력하지 않아도 그냥 인지된다는 것을 느낀 것입니다. 이럴 수가 있습니까? 단 6일 만에 이렇게 변화가 오다니요. 스스로도 믿기지가 않습니다. 앞으로 소리영어에 대해 확신을 가지고 열심히 하기로 다짐했습니다. 게다가 벌써 소리영어의 전도사가 되어 사무실 직원 모두에게 매일 연습할 것을 추천할 정도입니다. 이제라도 이런 방법을 알게 된 것에 감사 또 감사합니다. 너무 기분이 좋습니다.

Scene 1

제임스 딘 주연의 영화 「이유 없는 반항」(Rebel Without A Cause) 중의 한 장면입니다. 첫 번째로 연습할 장면은 약 2분 51초의 길이이며 여기서 연습할 주요 문장은 14개입니다. 스크립트를 보지 말고, 얼마나 들리는지 뒷 페이지에 적어보세요.

「이유 없는 반항」 Scene #1

CD 1 04

write

DAY 04

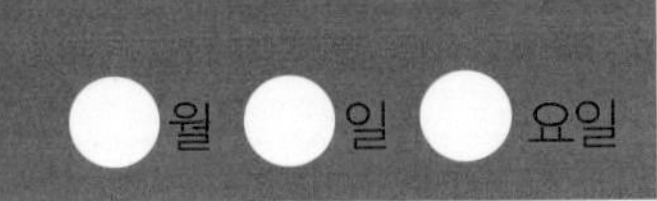

"체득은 암기보다 쉽고 효과적입니다. 영어는 소리로 체득하세요."

STEP 1 문장반복을 한번만 듣고, 들리는 대로 쓴다

문장 **001** CD 1 05 ▶ ______________________________

문장 **002** CD 1 06 ▶ ______________________________

문장 **003** CD 1 07 ▶ ______________________________

STEP 2 강의를 들으며 연습하고 잘 안 들리는 부분을 체크한다

CD 1 08 ▶

STEP 3 문장반복을 들으며 복습한다

CD 1 05~07 ▶

STEP 4 자신의 소리를 녹음해서 듣고 원음과 비교해본다

영문 및 뜻 확인

001 Would you like to go home, Judy?

집에 가겠니, 주디야?

002 We can arrange it.

그럴 수 있도록 조치해주마.

003 What's your number, Judy?

전화번호가 뭐니, 주디야?

- **어휘: arrange 준비하다, 배열하다**

DAY 05

월 일 요일

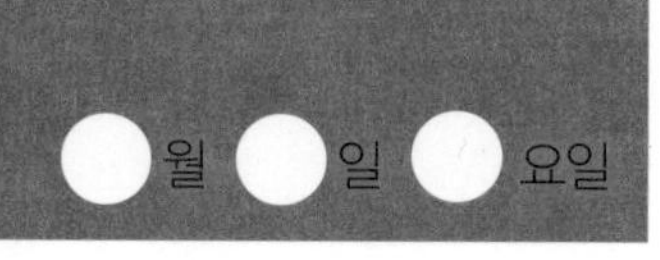

STEP 1 문장반복을 한번만 듣고, 들리는 대로 쓴다

문장 **004** CD 1 09 ▶ ______________________________

문장 **005** CD 1 10 ▶ ______________________________

문장 **006** CD 1 11 ▶ ______________________________

STEP 2 강의를 들으며 연습하고 잘 안 들리는 부분을 체크한다

CD 1 12 ▶

STEP 3 문장반복을 들으며 복습한다

CD 1 09~11 ▶

STEP 4 자신의 소리를 녹음해서 듣고 원음과 비교해본다

영문 및 뜻 확인

004 We'll ask your dad to come down and pick you up.

아버님께 와서 널 데려가라고 하겠다.

005 Unless you really don't wanna go home.

집에 가고 싶지 않다면 모르겠지만.

006 Lexington 0-5-5-4-9.

렉싱턴 0-5-5-4-9예요.

• **어휘: pick someone up ~를 (차에) 태우러 가다, ~를 (차에) 태우다**
unless ~하지 않는 한, ~이 아닌 한

DAY 06

월 일 요일

"성공한 사람들의 공통점은 자신의 일에 최선을 다했다는 것입니다."

STEP 1 문장반복을 한번만 듣고, 들리는 대로 쓴다

문장 **007** CD 1 13 ▶ ____________________

문장 **008** CD 1 14 ▶ ____________________

STEP 2 강의를 들으며 연습하고 잘 안 들리는 부분을 체크한다

CD 1 15 ▶

STEP 3 문장반복을 들으며 복습한다

CD 1 13~14 ▶

STEP 4 자신의 소리를 녹음해서 듣고 원음과 비교해본다

영문 및 뜻 확인

007 Hey! That's enough static I got out of you!

이봐! 그만 좀 해!

008 Cut it out now. I'm warning you!

당장 그만두거라. 경고하는 거야!

- **어휘: static (구어) 반대, 비난, 이의**

DAY 07

"이 방법으로 영어를 배우던 배우지 않던 시간은 흘러갑니다."

STEP 1 문장반복을 한번만 듣고, 들리는 대로 쓴다

문장 **009** CD 1 16 ▶ ______________________

문장 **010** CD 1 17 ▶ ______________________

문장 **011** CD 1 18 ▶ ______________________

STEP 2 강의를 들으며 연습하고 잘 안 들리는 부분을 체크한다

CD 1 19 ▶

STEP 3 문장반복을 들으며 복습한다

CD 1 16~18 ▶

STEP 4 자신의 소리를 녹음해서 듣고 원음과 비교해본다

영문 및 뜻 확인

009 You're shivering, John.

너 떨고 있구나, 존.

010 Are you cold?

너 춥니?

011 Want my jacket? You want my jacket?

내 재킷을 줄까? 내 재킷을 줄까?

- **어휘: shiver (추위, 두려움 등으로) 떨다**

DAY 08

월 일 요일

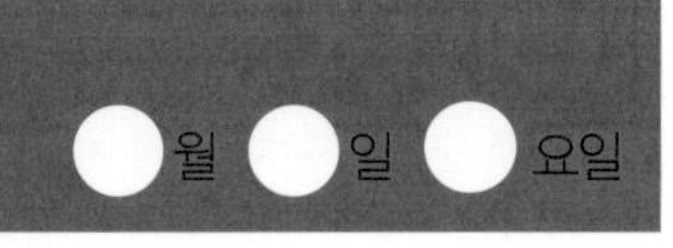

STEP 1 문장반복을 한번만 듣고, 들리는 대로 쓴다

문장 **012** CD 1 20 ▶ ______________________

문장 **013** CD 1 21 ▶ ______________________

문장 **014** CD 1 22 ▶ ______________________

STEP 2 강의를 들으며 연습하고 잘 안 들리는 부분을 체크한다

CD 1 23 ▶

STEP 3 문장반복을 들으며 복습한다

CD 1 20~22 ▶

STEP 4 자신의 소리를 녹음해서 듣고 원음과 비교해본다

영문 및 뜻 확인

012 It's warm.

따뜻해.

013 Your mother will be down to pick you up, Judy.

너희 어머니께서 오셔서 널 데려가실 거다, 주디야.

014 She's being called for.

어머니께서 전화를 받으셨다.

DAY 09

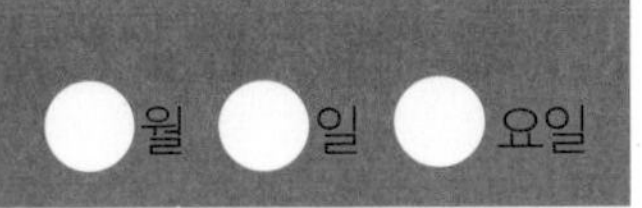

그동안 연습한 'Scene 1'의 원음을 한번에 통째로 들어보세요. 마찬가지로 영화의 스크립트는 나중에 확인하고, 소리에만 집중해서 들어봐야 합니다. 그리고 처음에 들었을 때보다 얼마나 잘 들리는지 비교해보세요. 그 후에는 비디오나 DVD를 통해 영화를 실제로 보면서 들어봐도 좋습니다.

CD 1 04

• 실제 영화에서 이 장면이 등장하는 시간: 04:38~06:08
(비디오나 DVD 제조사마다 시간은 약간 다를 수 있습니다.)

Scene 1 / 전체 스크립트

● 영화의 전체 스크립트 내용 중에 색으로 표시된 단어나 문장은 강의에는 포함되지 않은 것들입니다. 소리가 너무 작아 연습 재료로 쓰기에는 부적절하거나 반복적인 것들을 제외했기 때문입니다. 이런 내용은 스크립트를 통해 확인만 하세요.

Ray	Would you like to go home, Judy?
	We can arrange it.
	What's your number, Judy?
	We'll ask your dad to come down and pick you up.
	Unless you really don't wanna go home.
Judy	Lexington 0-5-5-4-9.
Officer	Hey! Hey! That's enough static I got out of you!
	Cut it out now.
	I'm warning you!
Maid	You're shivering, John.
	Are you cold?
Jim	Want my jacket?
	You want my jacket?
	It's warm.
Ray	Your mother will be down to pick you up, Judy.
Judy	What? 뭐라고요?
Ray	Your mother will be down to pick you up.
Judy	Why mother? 왜 엄마에요?
Ray	She's being called for.

DAY 10

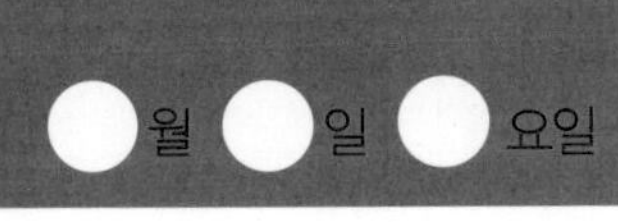

이번 주에 배운 모든 문장을 듣고 받아 적어보세요. 그리고 잘 안 들리는 문장 위주로 복습하세요.

문장 **001** ______________________

문장 **002** ______________________

문장 **003** ______________________

문장 **004** ______________________

문장 **005** ______________________

문장 **006** ______________________

문장 **007** ______________________

문장 **008** ______________________

문장 **009** ______________________

문장 **010** ______________________

문장 **011** ______________________

문장 **012** ______________________

문장 **013** ______________________

문장 **014** ______________________

★ 60대 중반인 저도 이제는 미국 드라마를 볼 수 있습니다.

-Swan Kim('윤재성 영어' 온라인 회원)

저는 오늘로 '윤재성 영어' 사이트에서 영어를 배운지 꼭 365일이 되는 60대 중반 남성입니다. 처음 시작할 때는 소리를 완벽하게 듣게 된다는 말을 믿을 수 없었지만, 벌써 1년이라는 세월이 흘렀습니다. 이렇게 열심히 지속할 수 있었던 건 윤재성 원장님에 대한 신뢰와 점점 선명하게 들리는 소리 덕에 생긴 자신감 때문이었습니다.

1년이 지난 지금, 저는 한마디로 '장족의 발전'을 했습니다. 한 달 전부터 드라마 한 편을 보면서 받아쓰기를 하고 있는데, 관사나 전치사 약간을 제외하고는 거의 다 쓸 수 있게 되었습니다. 사실 하루에 배우는 양이 너무 적다고 불평하는 분들이 있는데, 저는 하루에 한 문장만 제대로 배워도 결코 진도가 늦은 것이 아니라 생각합니다. 1년 동안 240여 개나 되는 문장을 익혔는데, 이것을 연달아 소리내보니 40분 분량, 즉 드라마 한 편에 나오는 대사를 말할 수 있는 양이 쌓였기 때문입니다. 이 정도 분량의 드라마에 나오는 소리를 정확하게 들을 수 있는 사람이 얼마나 되겠습니까?

윤재성 원장님의 소리영어는 미국인들의 실제 소리를 들을 수 있고 말할 수 있는 '최고의 영어 습득 비법'임에 틀림없습니다. 중도에 포기하지 말고, 뜻을 이루는 그날까지 꾸준히 연습하시길 바랍니다.

Scene 2

제임스 딘 주연의 영화 「이유 없는 반항」(Rebel Without A Cause) 중의 한 장면입니다. 두 번째로 연습할 장면은 약 2분 21초의 길이이며 여기서 연습할 주요 문장은 13개입니다. 스크립트를 보지 말고, 얼마나 들리는지 뒷 페이지에 적어보세요.

「이유 없는 반항」 Scene #2

CD 1 24

write

DAY 11 월 일 요일

STEP 1 문장반복을 한번만 듣고, 들리는 대로 쓴다

문장 **015** CD 1 25 ▶ ______________________________

문장 **016** CD 1 26 ▶ ______________________________

문장 **017** CD 1 27 ▶ ______________________________

STEP 2 강의를 들으며 연습하고 잘 안 들리는 부분을 체크한다

CD 1 28 ▶

STEP 3 문장반복을 들으며 복습한다

CD 1 25~27 ▶

STEP 4 자신의 소리를 녹음해서 듣고 원음과 비교해본다

영문 및 뜻 확인

015 Were you having a ball, dad?

즐거운 시간 보내셨어요, 아빠?

016 Well, everybody's been having a ball.

다들 즐거웠겠네요.

017 You're the king of the ball, dad.

아주 재미있는 시간을 보내셨군요, 아빠.

• 어휘: **have a ball 즐거운 한 때를 보내다 ball 무도회**

DAY 12

월 일 요일

STEP 1 문장반복을 한번만 듣고, 들리는 대로 쓴다

문장 **018** CD 1 29 ▶ ______________________________

문장 **019** CD 1 30 ▶ ______________________________

STEP 2 강의를 들으며 연습하고 잘 안 들리는 부분을 체크한다

CD 1 31 ▶

STEP 3 문장반복을 들으며 복습한다

CD 1 29~30 ▶

STEP 4 자신의 소리를 녹음해서 듣고 원음과 비교해본다

영문 및 뜻 확인

018 You think I'm funny?

제가 우스워 보여요?

018 Why don't you take my jacket?

내 재킷을 가져갈래?

DAY 13

월 일 요일

"초조해하지 말고 지속적으로 들으세요."

STEP 1 문장반복을 한번만 듣고, 들리는 대로 쓴다

문장 **020** CD 2 01 ________________________

문장 **021** CD 2 02 ________________________

STEP 2 강의를 들으며 연습하고 잘 안 들리는 부분을 체크한다

CD 2 03

STEP 3 문장반복을 들으며 복습한다

CD 2 01~02

STEP 4 자신의 소리를 녹음해서 듣고 원음과 비교해본다

영문 및 뜻 확인

020 Do you have any idea why you shot those puppies, John?

도대체 왜 저 강아지들을 쏜 거니, 존?

021 Is that what they call you, or do you have a nickname?

다른 사람들이 그렇게 부르는 거니, 아니면 별명이 있니?

- **어휘: puppy 강아지 nickname 별명, 애칭**

DAY 14

월 일 요일

"정확하게 들릴 때까지 들으세요."

STEP 1 문장반복을 한번만 듣고, 들리는 대로 쓴다

문장 **022** CD 2 04 ▶ ______________________

문장 **023** CD 2 05 ▶ ______________________

문장 **024** CD 2 06 ▶ ______________________

STEP 2 강의를 들으며 연습하고 잘 안 들리는 부분을 체크한다

CD 2 07 ▶

STEP 3 문장반복을 들으며 복습한다

CD 2 04~06 ▶

STEP 4 자신의 소리를 녹음해서 듣고 원음과 비교해본다

영문 및 뜻 확인

022 Plato. / He was a Greek philosopher.

플라토예요. / 그는 그리스의 철학자였죠.

023 You talk nice to the man now, hear?

지금 당장 그분께 공손하게 말씀 드리거라, 들었니?

024 He's gonna help you.

그분이 널 도와주실 거야.

• **어휘: philosopher 철학자**

DAY 15 월 일 요일

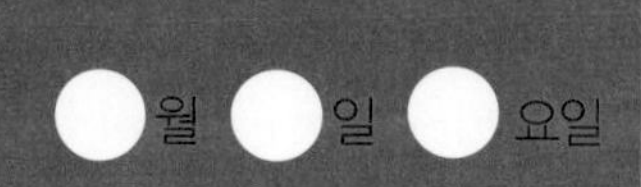

STEP 1 문장반복을 한번만 듣고, 들리는 대로 쓴다

STEP 2 강의를 들으며 연습하고 잘 안 들리는 부분을 체크한다

CD 2 11

STEP 3 문장반복을 들으며 복습한다

CD 2 08~10

STEP 4 자신의 소리를 녹음해서 듣고 원음과 비교해본다

영문 및 뜻 확인

025 Nobody can help me.

누구도 절 도와줄 수 없어요.

026 Can you tell me why you killed those puppies, Plato?

왜 강아지들을 죽였는지 말해주겠니, 플라토?

027 No, sir.

아니요, 선생님.

DAY 16

월 일 요일

그동안 연습한 'Scene 2'의 원음을 한번에 통째로 들어보세요. 마찬가지로 영화의 스크립트는 나중에 확인하고, 소리에만 집중해서 들어봐야 합니다. 그리고 처음에 들었을 때보다 얼마나 잘 들리는지 비교해보세요. 그 후에는 비디오나 DVD를 통해 영화를 실제로 보면서 들어봐도 좋습니다.

CD 1 24

• 실제 영화에서 이 장면이 등장하는 시간: 07:20~08:41
(비디오나 DVD 제조사마다 시간은 약간 다를 수 있습니다.)

Scene 2 / 전체 스크립트

- 영화의 전체 스크립트 내용 중에 색으로 표시된 단어나 문장은 강의에는 포함되지 않은 것들입니다. 소리가 너무 작아 연습 재료로 쓰기에는 부적절하거나 반복적인 것들을 제외했기 때문입니다. 이런 내용은 스크립트를 통해 확인만 하세요.

Jim	Were you having a ball, dad?
	Well, everybody's been having a ball.
	You're the king of the ball, dad.
	You think I'm funny?
	Why don't you take my jacket?
Ray	Jim Stark.
Gene	John? John?
	* John은 아래 나오는 Plato의 이름
	Do you have any idea why you shot those puppies, John?
	Is that what they call you, or do you have a nickname?
Maid	Plato. He was a Greek philosopher. He's...
	You talk nice to the man now, hear?
	He's gonna help you.
Plato	Nobody can help me.
Gene	Can you tell me why you killed those puppies, Plato?
Plato	No, sir.

DAY 17

이번 주에 배운 모든 문장을 듣고 받아 적어보세요. 그리고 잘 안 들리는 문장 위주로 복습하세요.

문장 **015** ______________________________

문장 **016** ______________________________

문장 **017** ______________________________

문장 **018** ______________________________

문장 **019** ______________________________

문장 **020** ______________________________

문장 **021** ______________________________

문장 **022** ______________________________

문장 **023** ______________________________

문장 **024** ______________________________

문장 **025** ______________________________

문장 **026** ______________________________

문장 **027** ______________________________

★ 이것저것 해본 사람들은 이 방법이 얼마나 좋은지 바로 알아요!

-김안익(66일 트레이닝 체험단)

저는 올해로 74살인 할아버지입니다. 먹고 살기 힘든 시기에 유년기와 청년기를 보낸 터라 이제야 중학교 3학년 과정을 다니면서 못 배운 한을 풀고 있지요. 특히 저는 영어를 배우고 싶은 열망이 매우 큽니다. 하지만 영어를 배우는 일이 너무 어렵더군요. 시중에 나와있는 베스트셀러 영어 책 중에 사지 않은 것이 없을 정도로 여러 가지 방법을 시도해봤지만 매번 실패했습니다. 겉보기에는 쉬워 보여도 문장이 잘 외워지지도 않을뿐더러 쉬운 단어나 문장도 영화를 보면 전혀 들리지 않는 것에 가장 크게 절망했었습니다.

그러다가 '윤재성의 소리영어' 광고를 접했을 때 너무나도 기대가 컸습니다. 그리고 책을 구입해서 읽어보고 CD를 듣는 순간, 저는 구세주를 만난 듯이 기뻤습니다. 정말 기대 이상이었습니다.

그리고 매일 연습을 하면서 소리영어의 효과에 대해 더욱 확신하게 되었습니다. 한 문장을 배워도 소리가 정확하게 들릴 뿐 아니라, 글로 배우면 어려운데다가 아무리 외워도 잊어버리는데 소리로 배우면서 따라서 말하니까 너무 재미있고 쉽기 때문입니다. 너무 고맙습니다. 윤재성 원장님. 열심히 하겠습니다.

Scene 3

제임스 딘 주연의 영화 「이유 없는 반항」(Rebel Without A Cause) 중의 한 장면입니다. 세 번째로 연습할 장면은 약 1분 22초의 길이이며 여기서 연습할 주요 문장은 14개입니다. 스크립트를 보지 말고, 얼마나 들리는지 뒷 페이지에 적어보세요.

「이유 없는 반항」 Scene #3

CD 2 12

write

DAY 18

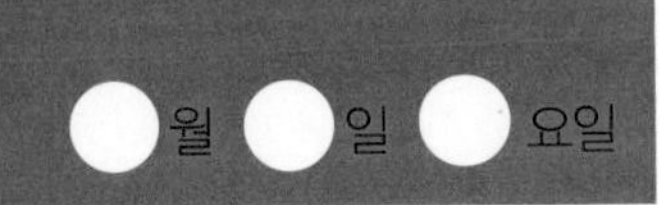

"오늘 계란 하나를 가지는 것보다 내일 암탉 한 마리를 가지는 쪽이 낫습니다."

STEP 1 문장반복을 한번만 듣고, 들리는 대로 쓴다

문장 **028** CD 2 13 ▶ ______________________________

문장 **029** CD 2 14 ▶ ______________________________

문장 **030** CD 2 15 ▶ ______________________________

문장 **031** CD 2 16 ▶ ______________________________

STEP 2 강의를 들으며 연습하고 잘 안 들리는 부분을 체크한다

CD 2 17 ▶

STEP 3 문장반복을 들으며 복습한다

CD 2 13~16 ▶

STEP 4 자신의 소리를 녹음해서 듣고 원음과 비교해본다

영문 및 뜻 확인

028 Where did you get the gun?

총은 어디서 난 거니?

029 My mother's drawer.

제 어머니 서랍에서요.

030 Where's your mother tonight, Plato?

어머니는 오늘 밤에 어디 가셨니, 플라토?

031 She's away.

멀리 가셨어요.

• **어휘: drawer 서랍, 수표 발행**

DAY 19

"현재 상태에 머물러 있는 한 되고자 하는 그 무엇도 될 수 없습니다."

STEP 1 문장반복을 한번만 듣고, 들리는 대로 쓴다

문장 **032** CD 2 18 ▶ ____________________

문장 **033** CD 2 19 ▶ ____________________

STEP 2 강의를 들으며 연습하고 잘 안 들리는 부분을 체크한다

CD 2 20 ▶

STEP 3 문장반복을 들으며 복습한다

CD 2 18~19 ▶

STEP 4 자신의 소리를 녹음해서 듣고 원음과 비교해본다

영문 및 뜻 확인

032 Seems like she's always going away somewhere.

항상 어디 멀리로 가는 것 같아요.

033 She's got a sister in Chicago, and she's gone there for the holiday.

시카고에 여동생이 있는데 그리로 휴가 갔어요.

• **어휘: go away 가다, 떠나다**

DAY 20

월 일 요일

"잘 쓰기만 한다면 시간은 절대로 부족하지 않습니다."

STEP 1 문장반복을 한번만 듣고, 들리는 대로 쓴다

문장 **034** CD 2 21 ________________________________

문장 **035** CD 2 22 ________________________________

문장 **036** CD 2 23 ________________________________

STEP 2 강의를 들으며 연습하고 잘 안 들리는 부분을 체크한다

CD 2 24

STEP 3 문장반복을 들으며 복습한다

CD 2 21~23

STEP 4 자신의 소리를 녹음해서 듣고 원음과 비교해본다

영문 및 뜻 확인

034 Where's your father?

네 아버지는 어디 있니?

035 They're not together, sir.

부모님은 함께 살지 않아요, 선생님.

036 We haven't seen him now in a long time.

요즘엔 한동안 그를 보지 못했어요.

• **어휘: a long time 장시간**

DAY 21

월 일 요일

"앞서 가는 사람이 신경 쓰인다면 뒤에 오는 사람을 생각해보세요."

STEP 1 문장반복을 한번만 듣고, 들리는 대로 쓴다

문장 **037** CD 2 25 ▶ ____________________

문장 **038** CD 2 26 ▶ ____________________

STEP 2 강의를 들으며 연습하고 잘 안 들리는 부분을 체크한다

CD 2 27 ▶

STEP 3 문장반복을 들으며 복습한다

CD 2 25~26 ▶

STEP 4 자신의 소리를 녹음해서 듣고 원음과 비교해본다

영문 및 뜻 확인

037 Do you ever hear from him, son?

네 아버지 소식 들은 적은 있니, 얘야?

038 I don't think it's right for a mother to go away and leave her child on his birthday.

아들이 생일인데 어머니가 아들을 혼자 남겨두고 어디로 가는 것은 옳지 않아요.

• **어휘: son 남자 아이**

DAY 22 월 일 요일

STEP 1 문장반복을 한번만 듣고, 들리는 대로 쓴다

문장 **039** CD 2 28 ▶ ______________________

문장 **040** CD 2 29 ▶ ______________________

문장 **041** CD 2 30 ▶ ______________________

STEP 2 강의를 들으며 연습하고 잘 안 들리는 부분을 체크한다

CD 2 31 ▶

STEP 3 문장반복을 들으며 복습한다

CD 2 28~30 ▶

STEP 4 자신의 소리를 녹음해서 듣고 원음과 비교해본다

영문 및 뜻 확인

039 It's his birthday today, sir.

오늘은 이 아이의 생일이에요, 선생님.

040 Do you know the boy ever talk to a psychiatrist?

그 아이가 정신과 의사와 상담을 받아 본적이 있는지 아시나요?

041 You mean a headshrinker?

정신과 의사 말이에요?

• **어휘: psychiatrist 정신과 의사 (=headshrinker: 속어)**

그동안 연습한 'Scene 3'의 원음을 한번에 통째로 들어보세요. 마찬가지로 영화의 스크립트는 나중에 확인하고, 소리에만 집중해서 들어봐야 합니다. 그리고 처음에 들었을 때보다 얼마나 잘 들리는지 비교해보세요. 그 후에는 비디오나 DVD를 통해 영화를 실제로 보면서 들어봐도 좋습니다.

CD 2 12

• 실제 영화에서 이 장면이 등장하는 시간: 08:43~09:20
(비디오나 DVD 제조사마다 시간은 약간 다를 수 있습니다.)

Scene 3 / 전체 스크립트

- 영화의 전체 스크립트 내용 중에 색으로 표시된 단어나 문장은 강의에는 포함되지 않은 것들입니다. 소리가 너무 작아 연습 재료로 쓰기에는 부적절하거나 반복적인 것들을 제외했기 때문입니다. 이런 내용은 스크립트를 통해 확인만 하세요.

Gene Where did you get the gun?

Plato My mother's drawer.

Gene Where's your mother tonight, Plato?

Plato She's away.

Maid Seems like she's always going away somewhere.
She's got a sister in Chicago, and she's gone there for the holiday.

Gene Where's your father?

Maid They're not together, sir.
We haven't seen him now in a long time.

Gene Do you ever hear from him, son?

Maid I don't think it's right for a mother to go away and leave her child on his birthday.
It's his birthday today, sir.

Gene Do you know the boy ever talk to a psychiatrist?

Plato You mean a headshrinker?

DAY 24

이번 주에 배운 모든 문장을 듣고 받아 적어보세요. 그리고 잘 안 들리는 문장 위주로 복습하세요.

문장 **028** ______________________

문장 **029** ______________________

문장 **030** ______________________

문장 **031** ______________________

문장 **032** ______________________

문장 **033** ______________________

문장 **034** ______________________

문장 **035** ______________________

문장 **036** ______________________

문장 **037** ______________________

문장 **038** ______________________

문장 **039** ______________________

문장 **040** ______________________

문장 **041** ______________________

★ 그동안 쏟아부었던 제 노력이 '이건 진짜다!'라고 저에게 말합니다.

-pky7859(66일 트레이닝 체험단)

2년 전, 유학생활을 하던 저는 악센트 때문에 원어민과 대화하기가 힘들다는 것을 자주 경험했습니다. 그래서 시도해본 방법이 무작정 소리를 듣고, 크게 소리내서 말해보는 학습법이었지요. 저는 거의 1년간 모든 영어를 이렇게 연습했습니다. 그런데 처음 3개월 정도는 발음이 좋아지는 것을 느꼈지만, 어느 순간부터는 전혀 발전이 없더군요. 1년간 제 탓을 하며 열심히 노력하다가 결국 포기하게 되었습니다.

그러다가 '윤재성의 소리영어' 사이트에서 샘플강의를 통해 '호흡과 강한 악센트'에 대한 설명을 듣고는 이 방법이 영어발음을 공부하면서 잡힐 듯 잡히지 않았던 원어민 발음을 만드는 유일한 방법이라는 것을 깨달았습니다. 그동안 영어에 쏟아부었던 저의 노력이 '이 방법이 진짜'라는 것을 알려준 것이지요. 다만 전에 크게 실망한 경험이 있었기 때문에 체험단 오프라인 모임을 통해 한번 더 확인해 보았는데요. 결론은 역시 '이 방법은 알짜배기다'였습니다.

저는 국내 유명 영어 강사들이 쓴 발음 책을 거의 다 읽어보았는데, 소리영어에서 강조하는 '호흡과 강한 악센트'에 대해서는 본 적이 없었습니다. 그래서 더더욱 신뢰가 가더군요. 저는 소리로 영어를 정복하기 위해 최선을 다 할 것이고 결국 완벽하게 성공할 것입니다.

Scene 4

제임스 딘 주연의 영화 「이유 없는 반항」(Rebel Without A Cause) 중의 한 장면입니다. 네 번째로 연습할 장면은 약 1분 34초의 길이이며 여기서 연습할 주요 문장은 14개입니다. 스크립트를 보지 말고, 얼마나 들리는지 뒷 페이지에 적어보세요.

CD 3 01

write

DAY 25

월 일 요일

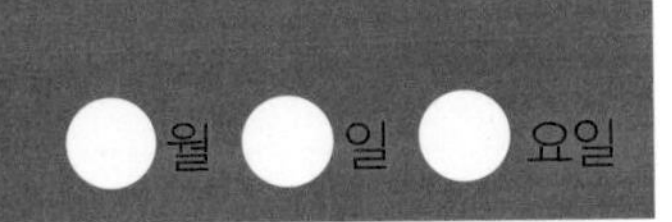

STEP 1 문장반복을 한번만 듣고, 들리는 대로 쓴다

문장 **042** CD 3 02 ▶ ______________________________

문장 **043** CD 3 03 ▶ ______________________________

문장 **044** CD 3 04 ▶ ______________________________

STEP 2 강의를 들으며 연습하고 잘 안 들리는 부분을 체크한다

CD 3 05 ▶

STEP 3 문장반복을 들으며 복습한다

CD 3 02~04 ▶

STEP 4 자신의 소리를 녹음해서 듣고 원음과 비교해본다

영문 및 뜻 확인

042 What are we gonna do with him?

재를 어떻게 하지?

043 Oh, don't worry.

걱정 마.

044 I'll figure out what we're going to do with him.

저 친구를 어떻게 할지 내가 생각해볼게.

• **어휘: figure 생각하다**

DAY 26

월 일 요일

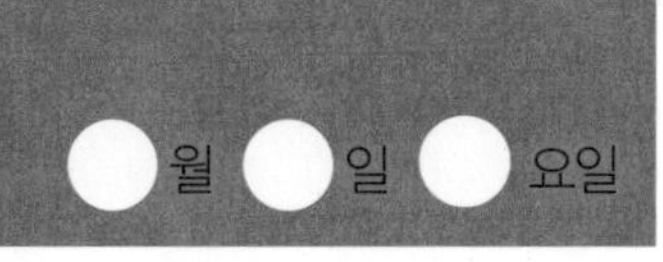

STEP 1 문장반복을 한번만 듣고, 들리는 대로 쓴다

문장 **045** CD 3 06 ▶ ______________________

문장 **046** CD 3 07 ▶ ______________________

STEP 2 강의를 들으며 연습하고 잘 안 들리는 부분을 체크한다

CD 3 08 ▶

STEP 3 문장반복을 들으며 복습한다

CD 3 06~07 ▶

STEP 4 자신의 소리를 녹음해서 듣고 원음과 비교해본다

영문 및 뜻 확인

045 Relax. He'll figure it out.

안심해요. 그가 알아낼 거예요.

046 What are you looking at?

뭘 봐?

"1%의 가능성에서도 성공만을 보세요."

STEP 1 문장반복을 한번만 듣고, 들리는 대로 쓴다

문장 **047** CD 3 09 ▶ ____________________

문장 **048** CD 3 10 ▶ ____________________

문장 **049** CD 3 11 ▶ ____________________

STEP 2 강의를 들으며 연습하고 잘 안 들리는 부분을 체크한다

CD 3 12 ▶

STEP 3 문장반복을 들으며 복습한다

CD 3 09~11 ▶

STEP 4 자신의 소리를 녹음해서 듣고 원음과 비교해본다

영문 및 뜻 확인

047 I told you not to fool with those guys.

내가 저 사람들 놀리지 말라고 말했잖아.

048 Now they're laying for you.

지금 저들이 널 노리고 있어.

049 If you don't want trouble, I know a place we can go.

문제가 생기길 원하지 않는다면, 우리가 갈만한 장소를 알고 있어.

• **어휘 : lay ~을 매복하여 기다리다**

DAY 28

월 일 요일

"과거의 영어는 모두 버리고 새롭게 다시 시작하세요."

STEP 1 문장반복을 한번만 듣고, 들리는 대로 쓴다

문장 050 CD 3 13 ▶ ______

문장 051 CD 3 14 ▶ ______

문장 052 CD 3 15 ▶ ______

STEP 2 강의를 들으며 연습하고 잘 안 들리는 부분을 체크한다

CD 3 16 ▶

STEP 3 문장반복을 들으며 복습한다

CD 3 13~15 ▶

STEP 4 자신의 소리를 녹음해서 듣고 원음과 비교해본다

영문 및 뜻 확인

050 It's a big mansion.

엄청나게 큰 저택이야.

051 There it is.

저기에 있어.

052 We could sneak around and they wouldn't even know.

우린 몰래 들어갈 수 있고 그들은 알지도 못할 거야.

• **어휘: mansion 대저택 sneak 살금살금 가다, 몰래 가다**
even ~조차

DAY 29

월 일 요일

"매일 목표를 달성하고 철저히 기록하는 것이 성공의 열쇠입니다."

STEP 1 문장반복을 한번만 듣고, 들리는 대로 쓴다

문장 **053** CD 3 17 ▶ ____________________

문장 **054** CD 3 18 ▶ ____________________

문장 **055** CD 3 19 ▶ ____________________

STEP 2 강의를 들으며 연습하고 잘 안 들리는 부분을 체크한다

CD 3 20 ▶

STEP 3 문장반복을 들으며 복습한다

CD 3 17~19 ▶

STEP 4 자신의 소리를 녹음해서 듣고 원음과 비교해본다

영문 및 뜻 확인

053 Who lives there?

저기에 누가 사는데?

054 Nobody lives there.

저곳에는 아무도 살지 않아.

055 Come on, let's go!

이리 와, 가자!

DAY 30

그동안 연습한 'Scene 4'의 원음을 한번에 통째로 들어보세요. 마찬가지로 영화의 스크립트는 나중에 확인하고, 소리에만 집중해서 들어봐야 합니다. 그리고 처음에 들었을 때보다 얼마나 잘 들리는지 비교해보세요. 그 후에는 비디오나 DVD를 통해 영화를 실제로 보면서 들어봐도 좋습니다.

CD 3 01

• 실제 영화에서 이 장면이 등장하는 시간: 28:13~29:36
(비디오나 DVD 제조사마다 시간은 약간 다를 수 있습니다.)

Scene 4 / 전체 스크립트

- 영화의 전체 스크립트 내용 중에 색으로 표시된 단어나 문장은 강의에는 포함되지 않은 것들입니다. 소리가 너무 작아 연습 재료로 쓰기에는 부적절하거나 반복적인 것들을 제외했기 때문입니다. 이런 내용은 스크립트를 통해 확인만 하세요.

Friend1 What are we gonna do with him?

Buzz Oh, don't worry.

I'll figure out what we're going to do with him.

Friend1 OK!

Friend2 Relax. He'll figure it out.

Buzz What are you looking at?

Plato Nothing.

I told you not to fool with those guys.

Now they're laying for you.

If you don't want trouble, I know a place we can go.

It's a big mansion.

There it is.

We could sneak around and they wouldn't even know.

Jim Who lives there?

Plato Nobody lives there.

Come on, let's go!

DAY 31

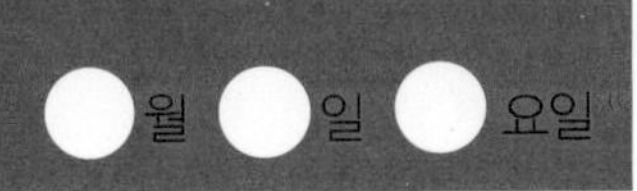

이번 주에 배운 모든 문장을 듣고 받아 적어보세요. 그리고 잘 안 들리는 문장 위주로 복습하세요.

문장 **042** ________________

문장 **043** ________________

문장 **044** ________________

문장 **045** ________________

문장 **046** ________________

문장 **047** ________________

문장 **048** ________________

문장 **049** ________________

문장 **050** ________________

문장 **051** ________________

문장 **052** ________________

문장 **053** ________________

문장 **054** ________________

문장 **055** ________________

★ 재미있다는 게 가장 큰 장점입니다.

-Oldsaga(66일 트레이닝 체험단)

저는 아침 6시에 일어나서 먼 거리를 이동해야 하는 직장인입니다. 이른 아침, 정신 없이 바쁜 시간에도 저는 강의를 크게 틀어놓고 출근 준비를 합니다. 이리저리 분주하게 움직이면서 10분 정도 듣고 따라 하다 보면 원어민의 발음이 들리면서 저도 모르게 따라 말하게 됩니다. 그리고 무의식적으로 소리내기를 반복하다보면 저도 모르게 문장 전체를 발음하게 되더군요.

퇴근 후에는 동생이 종종 파일을 틀어놓고 있기도 한데요. 너무 지쳐서 바로 자려다가도 안 들리던 발음이 선명하게 들리는 게 신기하고 재미있어서 따라 말하게 됩니다. 그러다가 또 그 문장의 소리와 뜻을 기억하게 되는 달콤한 성과도 맛보곤 합니다.

'윤재성의 소리영어'는 재미있다는 게 가장 큰 장점이고 매력입니다. 그리고 소리만 들으면 되니까 다른 일을 하면서도 연습할 수 있고, 출퇴근을 하면서 노래를 듣듯이 습관적으로 들을 수도 있습니다. 연습의 효과는 말할 것도 없고, 부담 없이 쉽게 습득할 수 있다는 점도 이제껏 다른 영어 학습법에서 경험해보지 못한 장점입니다. 영어를 배우려면 꾸준하게 연습하는 것이 매우 중요하지만 그것이 바로 가장 하기 어렵기 때문이지요.

Scene 5

제임스 딘 주연의 영화 「이유 없는 반항」(Rebel Without A Cause) 중의 한 장면입니다. 다섯 번째로 연습할 장면은 약 1분 11초의 길이이며 여기서 연습할 주요 문장은 12개입니다. 스크립트를 보지 말고, 얼마나 들리는지 뒷 페이지에 적어보세요.

「이유 없는 반항」 Scene #5

CD 3 21

write

DAY 32

월 일 요일

STEP 1 문장반복을 한번만 듣고, 들리는 대로 쓴다

문장 056 CD 3 22 ▶ ______________________

문장 057 CD 3 23 ▶ ______________________

STEP 2 강의를 들으며 연습하고 잘 안 들리는 부분을 체크한다

CD 3 24 ▶

STEP 3 문장반복을 들으며 복습한다

CD 3 22~23 ▶

STEP 4 자신의 소리를 녹음해서 듣고 원음과 비교해본다

영문 및 뜻 확인

056 I didn't wanna stop.

난 그만두고 싶지 않아요.

057 Didn't wanna stop what? / Oh. Nothing, nothing.

뭘 멈추고 싶지 않다고? / 아니야. 아무것도 아니야.

DAY 33 ( )월 ( )일 ( )요일

STEP 1 문장반복 을 한번만 듣고, 들리는 대로 쓴다

문장 **058** CD 3 25 ▶ ______________________

문장 **059** CD 3 26 ▶ ______________________

문장 **060** CD 3 27 ▶ ______________________

STEP 2 강의를 들으며 연습하고 잘 안 들리는 부분을 체크한다

CD 3 28 ▶

STEP 3 문장반복 을 들으며 복습한다

CD 3 25~27 ▶

STEP 4 자신의 소리를 녹음해서 듣고 원음과 비교해본다

영문 및 뜻 확인

058 I was talking to dad.

난 아빠한테 말하고 있었어요.

059 I didn't kiss her, so it's a big thing.

내가 뽀뽀해주지 않았거든, 그래서 그게 큰 일이라는군.

060 Bertha, you may serve this fillet.

버다, 이 살코기 좀 가져다 드리세요.

- **어휘: may 공손하게 말할 때 덧붙이는 표현**
  fillet (육류나 생선의 뼈를 발라낸) 살코기

DAY 34

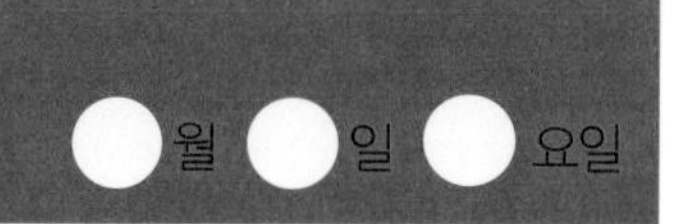

"성공은 하루의 시간을 가장 잘 활용하는 사람에게 찾아옵니다."

STEP 1 문장반복을 한번만 듣고, 들리는 대로 쓴다

STEP 2 강의를 들으며 연습하고 잘 안 들리는 부분을 체크한다

CD 3 32

STEP 3 문장반복을 들으며 복습한다

CD 3 29~31

STEP 4 자신의 소리를 녹음해서 듣고 원음과 비교해본다

영문 및 뜻 확인

061 Yes, ma'am. / It's fish fillet.

네, 부인. / 생선 살코기에요.

062 You don't have to stand there, darling.

거기에 서 있을 필요 없단다, 얘야.

063 Sit down and have your tomato juice.

앉아서 토마토 주스를 마시렴.

DAY 35

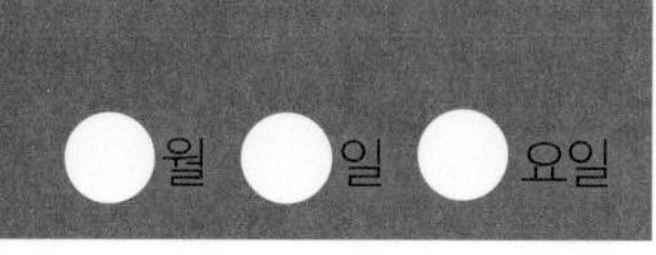

"영어는 무조건 반복해서 듣는다고 들리지 않습니다."

STEP 1 문장반복을 한번만 듣고, 들리는 대로 쓴다

문장 **064** CD 4 01 ▶ ____________________

문장 **065** CD 4 02 ▶ ____________________

STEP 2 강의를 들으며 연습하고 잘 안 들리는 부분을 체크한다

CD 4 03 ▶

STEP 3 문장반복을 들으며 복습한다

CD 4 01~02 ▶

STEP 4 자신의 소리를 녹음해서 듣고 원음과 비교해본다

영문 및 뜻 확인

064 I guess I just don't understand anything.

전 아무 것도 이해하지 못하겠어요.

065 I'm tired. I'd like to change the subject.

피곤하다. 대화 주제를 바꾸고 싶구나.

DAY 36

월 일 요일

"결국엔 누구나 영어를 실제로 들을 수 있고 말할 수 있습니다."

STEP 1 문장반복을 한번만 듣고, 들리는 대로 쓴다

문장 **066** CD 4 04 ▶ ______________________________

문장 **067** CD 4 05 ▶ ______________________________

STEP 2 강의를 들으며 연습하고 잘 안 들리는 부분을 체크한다

CD 4 06 ▶

STEP 3 문장반복을 들으며 복습한다

CD 4 04~05 ▶

STEP 4 자신의 소리를 녹음해서 듣고 원음과 비교해본다

영문 및 뜻 확인

066 I'd just like to, that's all!

난 그냥 그러고 싶어, 그게 다야!

067 Girls your age don't do things like that!

네 나이 또래의 여자아이들은 그런 행동을 하지 않아!

DAY 37

월 일 요일

그동안 연습한 'Scene 5'의 원음을 한번에 통째로 들어보세요. 마찬가지로 영화의 스크립트는 나중에 확인하고, 소리에만 집중해서 들어봐야 합니다. 그리고 처음에 들었을 때보다 얼마나 잘 들리는지 비교해보세요. 그 후에는 비디오나 DVD를 통해 영화를 실제로 보면서 들어봐도 좋습니다.

CD 3 21

• 실제 영화에서 이 장면이 등장하는 시간: 38:34~39:05
(비디오나 DVD 제조사마다 시간은 약간 다를 수 있습니다.)

Scene 5 / 전체 스크립트

- 영화의 전체 스크립트 내용 중에 색으로 표시된 단어나 문장은 강의에는 포함되지 않은 것들입니다. 소리가 너무 작아 연습 재료로 쓰기에는 부적절하거나 반복적인 것들을 제외했기 때문입니다. 이런 내용은 스크립트를 통해 확인만 하세요.

Judy	I didn't wanna stop.
Mother	Didn't wanna stop what?
Father	Oh. Nothing, nothing.
Judy	I was talking to dad.
	I didn't kiss her, so it's a big thing.
Mother	Oh. Bertha, you may serve this fillet.
Bertha	Yes, ma'am.
Mother	It's fish fillet.
	You don't have to stand there, darling.
	Sit down and have your tomato juice.
Judy	I guess I just don't understand anything.
Father	I'm tired.
	I'd like to change the subject.
Judy	Why?
Father	I'd just like to, that's all!
	Girls your age don't do things like that!

DAY 38

이번 주에 배운 모든 문장을 듣고 받아 적어보세요. 그리고 잘 안 들리는 문장 위주로 복습하세요.

문장 **056** ______________________________

문장 **057** ______________________________

문장 **058** ______________________________

문장 **059** ______________________________

문장 **060** ______________________________

문장 **061** ______________________________

문장 **062** ______________________________

문장 **063** ______________________________

문장 **064** ______________________________

문장 **065** ______________________________

문장 **066** ______________________________

문장 **067** ______________________________

★ 단어와 문법을 거의 모르는 저도 배울 수 있었습니다.

–윤수원('윤재성 영어' 사이트 회원)

'소리영어'를 처음 접했을 때는 단어나 문법도 잘 모르는 제가 과연 영어를 배울 수 있을지 의문이 컸었어요. 저는 영어공부를 거의 해본 적이 없기 때문에 특히 더 걱정스러웠답니다. 그러나 저희 집에 있는 돌쟁이 조카가 '엄마'라는 말을 익히는 과정을 보면서 글을 모르는 저도 배울 수 있을 거라는 생각이 들어 연습을 시작하게 되었지요.

처음에 연습을 시작했을 때는 잘 들리지도 않고 발음하기도 어려웠던 말들이 5개월째에 접어들면서는 훨씬 편하게 들리고 소리도 쉽게 낼 수 있게 되었습니다. 그리고 이런 변화는 어휘력이나 문법실력이 아닌 발성이 익숙해지면서 일어나기 시작했습니다. 발성이 익숙해지니까 많은 어려움들이 해소되더라고요.

그리고 발성을 익히려고 반복적으로 소리를 듣고 말하다 보니 굳이 외우려고 하지 않는데도 단어와 문장이 제 입과 귀로 익혀지는 보너스도 받았답니다. 이렇게 아기처럼 한 마디, 두 마디 배우는 말이 늘더니 중학교 수준의 영어도 못하던 제가 이제는 많은 소리를 듣고 따라 할 수 있게 된 것을 보면 시간은 많이 걸리더라도 반드시 영어를 모국어처럼 하게 될 거란 확신이 강해집니다.

Scene 6

제임스 딘 주연의 영화 「이유 없는 반항」(Rebel Without A Cause) 중의 한 장면입니다. 여섯 번째로 연습할 장면은 약 1분 7초의 길이이며 여기서 연습할 주요 문장은 13개입니다. 스크립트를 보지 말고, 얼마나 들리는지 뒷 페이지에 적어보세요.

「이유 없는 반항」 Scene #6

CD 4 07

write

DAY 39 월 일 요일

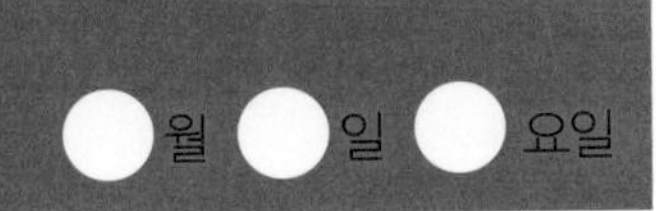

STEP 1 문장반복을 한번만 듣고, 들리는 대로 쓴다

문장 **068** CD 4 08 ________________________________

문장 **069** CD 4 09 ________________________________

문장 **070** CD 4 10 ________________________________

STEP 2 강의를 들으며 연습하고 잘 안 들리는 부분을 체크한다

CD 4 11

STEP 3 문장반복을 들으며 복습한다

CD 4 08~10

STEP 4 자신의 소리를 녹음해서 듣고 원음과 비교해본다

영문 및 뜻 확인

068 You know anything about this?

이것에 대해 뭐 아는 거 있습니까?

069 No more than you do.

당신이 아는 것 이상은 모르죠.

070 The kid in there with a gun.

저 안에 있는 애는 총을 가지고 있어요.

DAY 40

월 일 요일

"자기 자신을 이기는 것이 최고의 승리입니다."

STEP 1 문장반복 을 한번만 듣고, 들리는 대로 쓴다

문장 **071** CD 4 12 ▶ ______________________________

문장 **072** CD 4 13 ▶ ______________________________

문장 **073** CD 4 14 ▶ ______________________________

STEP 2 강의를 들으며 연습하고 잘 안 들리는 부분을 체크한다

CD 4 15 ▶

STEP 3 문장반복 을 들으며 복습한다

CD 4 12~14 ▶

STEP 4 자신의 소리를 녹음해서 듣고 원음과 비교해본다

영문 및 뜻 확인

071 He wounded another kid and took a shot at an officer.

그 아이는 다른 애를 다치게 했고 경찰관에게도 총을 쐈어요.

072 You got a speaker?

확성기를 가지고 있나요?

073 Yeah, help yourself.

네, 이걸 쓰세요.

• **어휘: officer 경찰관**

DAY 41

월 일 요일

"진짜 소리를 듣는 것에만 집중하세요."

STEP 1 문장반복을 한번만 듣고, 들리는 대로 쓴다

문장 **074** CD 4 **16** ▶ ______________________

문장 **075** CD 4 **17** ▶ ______________________

STEP 2 강의를 들으며 연습하고 잘 안 들리는 부분을 체크한다

CD 4 **18** ▶

STEP 3 문장반복을 들으며 복습한다

CD 4 **16~17** ▶

STEP 4 자신의 소리를 녹음해서 듣고 원음과 비교해본다

영문 및 뜻 확인

074 What's going on?

무슨 일이에요?

075 I don't know, lady. But some kid's in trouble, you have to stay back.

잘 모르겠어요, 부인. 하지만 몇몇 아이들에게 문제가 생겼으니, 부인은 여기서 물러나 주세요.

DAY 42

월 일 요일

"즐겁게 행동하고 결과에 기뻐하는 사람은 행복합니다."

STEP 1 문장반복을 한번만 듣고, 들리는 대로 쓴다

문장 **076** CD 4 19 ________________

문장 **077** CD 4 20 ________________

STEP 2 강의를 들으며 연습하고 잘 안 들리는 부분을 체크한다

CD 4 21

STEP 3 문장반복을 들으며 복습한다

CD 4 19~20

STEP 4 자신의 소리를 녹음해서 듣고 원음과 비교해본다

영문 및 뜻 확인

076 No, I gotta know! My boy ran off tonight and he got a gun, too.

아니에요, 난 알아야겠어요! 우리 아이가 오늘 밤 달아났다고요. 그리고 총도 가지고 있단 말이에요.

077 All right. Oh, lieutenant!

알았어요. 오, 부서장님!

- **어휘: lieutenant (육·해·공군의)중위, 경찰서의 부서장**

DAY 43 월 일 요일

STEP 1 문장반복을 한번만 듣고, 들리는 대로 쓴다

문장 **078** CD 4 22 ▶ ______________________

문장 **079** CD 4 23 ▶ ______________________

문장 **080** CD 4 24 ▶ ______________________

STEP 2 강의를 들으며 연습하고 잘 안 들리는 부분을 체크한다

CD 4 25 ▶

STEP 3 문장반복을 들으며 복습한다

CD 4 22~24 ▶

STEP 4 자신의 소리를 녹음해서 듣고 원음과 비교해본다

영문 및 뜻 확인

078 I'm addressing the boy in the planetarium.

천문관에 있는 학생에게 말한다.

079 I'm speaking to the boy inside.

안에 있는 남학생에게 말한다.

080 This is Ray Frameck from the Juvenile Division.

난 청소년 계의 레이 프레멕이다.

• 어휘: **addressing 말을 걸다, 인사말 planetarium 천문관**
Juvenile Division 경찰국의 청소년 계

DAY 44

그동안 연습한 'Scene 6'의 원음을 한번에 통째로 들어보세요. 마찬가지로 영화의 스크립트는 나중에 확인하고, 소리에만 집중해서 들어봐야 합니다. 그리고 처음에 들었을 때보다 얼마나 잘 들리는지 비교해보세요. 그 후에는 비디오나 DVD를 통해 영화를 실제로 보면서 들어봐도 좋습니다.

CD 4 07

• 실제 영화에서 이 장면이 등장하는 시간: 04:38~06:08
(비디오나 DVD 제조사마다 시간은 약간 다를 수 있습니다.)

Scene 6 전체 스크립트

- 영화의 전체 스크립트 내용 중에 색으로 표시된 단어나 문장은 강의에는 포함되지 않은 것들입니다. 소리가 너무 작아 연습 재료로 쓰기에는 부적절하거나 반복적인 것들을 제외했기 때문입니다. 이런 내용은 스크립트를 통해 확인만 하세요.

Chief You know anything about this?

Ray No more than you do.

Chief The kid in there with a gun.
He wounded another kid and took a shot at an officer.

Ray You got a speaker?

Chief Yeah, help yourself.

Maid What's going on?

Officer I don't know, lady.
But some kid's in trouble, you have to stay back.

Maid No, I gotta know!
My boy ran off tonight and he got a gun, too.

Maid All right. Oh, lieutenant!

Ray I am addressing the boy in the planetarium.
I'm speaking to the boy inside.
This is Ray Frameck from the Juvenile Division.

DAY 45

이번 주에 배운 모든 문장을 듣고 받아 적어보세요. 그리고 잘 안 들리는 문장 위주로 복습하세요.

문장 **068** ______________________________

문장 **069** ______________________________

문장 **070** ______________________________

문장 **071** ______________________________

문장 **072** ______________________________

문장 **073** ______________________________

문장 **074** ______________________________

문장 **075** ______________________________

문장 **076** ______________________________

문장 **077** ______________________________

문장 **078** ______________________________

문장 **079** ______________________________

문장 **080** ______________________________

★ 이제는 긴 문장도 편안하게 들을 수 있습니다.

–백송희('윤재성 영어' 온라인 회원)

처음 '윤재성의 소리영어'를 접하고 아버지께 들뜬 목소리로 했던 말이 기억납니다. "아빠, 나 진짜 영어를 제대로 배울 수 있는 방법을 찾았어. 강의 듣기 전엔 아는 단어 몇 개만 들리고 무슨 말인지도 몰랐는데, 강의만 들으면 그 문장이 편하게 잘 들려! 이 방법으로 끝까지 해볼 거야." 그 후로 벌써 6개월이 흘렀지만 여전히 열심히 연습하고 있습니다.

강의를 접한 지 며칠 지나지 않았을 때부터 드라마를 보면 강의에서 접한 소리가 선명하게 들리는 즐거움을 느꼈기 때문입니다. TV만 틀면 연습의 성과가 보였던 것이지요. 요샌 극장에서도 조금씩 자막을 보지 않고 영화를 보기 시작했습니다. 또 길거리에서 외국인들끼리 나누는 간단한 대화는 우리말처럼 선명하게 들립니다. 토익 리스닝 정도는 훨씬 쉽게 들리고요. 예전엔 집중해서 들어야 겨우 들리던 소리가 지금은 편하게 잘 들리게 된 겁니다.

아직은 말을 잘하는 단계에 이른 것은 아니지만, 상대방이 하는 말을 편안하게 들을 수 있는 것만으로도 자신감이 생기더군요. 모르는 말, 이해 안 되는 말도 일단 들을 수만 있다면 뜻은 물어보면 되니까요.

Scene 7

제임스 딘 주연의 영화 「이유 없는 반항」(Rebel Without A Cause) 중의 한 장면입니다. 일곱 번째로 연습할 장면은 약 1분 47초의 길이이며 여기서 연습할 주요 문장은 14개입니다. 스크립트를 보지 말고, 얼마나 들리는지 뒷 페이지에 적어보세요.(이번 장면은 상황상 소리가 작습니다)

「이유 없는 반항」 Scene #7

CD 4 26

write

DAY 46

월 일 요일

STEP 1 문장반복을 한번만 듣고, 들리는 대로 쓴다

문장 **081** CD 4 27 ▶ ____________________

문장 **082** CD 4 28 ▶ ____________________

문장 **083** CD 4 29 ▶ ____________________

STEP 2 강의를 들으며 연습하고 잘 안 들리는 부분을 체크한다

CD 4 30 ▶

STEP 3 문장반복을 들으며 복습한다

CD 4 27~29 ▶

STEP 4 자신의 소리를 녹음해서 듣고 원음과 비교해본다

영문 및 뜻 확인

081 Another boy and girl just ran into the planetarium.

다른 남자애와 여자애가 천문관으로 뛰어 들어갔다.

082 We don't know if they're armed.

그들이 무장을 했는지 우린 모른다.

083 Hold your positions until further instruction.

다른 지시가 있을 때까지 각자의 자리를 지키고 있어라.

• **어휘: further 그 이상의, 더 멀리**
instruction 지시

DAY 47

월 일 요일

"반복적으로 듣고 말하는 연습을 하세요."

STEP 1 문장반복을 한번만 듣고, 들리는 대로 쓴다

STEP 2 강의를 들으며 연습하고 잘 안 들리는 부분을 체크한다

CD 5 04

STEP 3 문장반복을 들으며 복습한다

CD 5 01~03

STEP 4 자신의 소리를 녹음해서 듣고 원음과 비교해본다

영문 및 뜻 확인

084 Plato. You in there?

플라토. 너 거기에 있니?

085 You're my friend, Plato.

넌 나의 친구야, 플라토.

086 That means a lot to me.

나한테는 큰 의미가 있지.

DAY 48

"기본이 없는 요령은 결코 오래갈 수 없고 금새 무너지기 마련입니다."

STEP 1 문장반복을 한번만 듣고, 들리는 대로 쓴다

문장 **087** CD 5 05 ▶ ______________________________

문장 **088** CD 5 06 ▶ ______________________________

문장 **089** CD 5 07 ▶ ______________________________

STEP 2 강의를 들으며 연습하고 잘 안 들리는 부분을 체크한다

CD 5 08 ▶

STEP 3 문장반복을 들으며 복습한다

CD 5 05~07 ▶

STEP 4 자신의 소리를 녹음해서 듣고 원음과 비교해본다

영문 및 뜻 확인

087 I'm gonna open the door now.

내가 이제 문을 열거야.

088 You can shoot me if you want to.

네가 원한다면 나를 쏴도 돼.

089 Boy, I'm blind as a bat.

이봐, 난 박쥐처럼 아무 것도 안 보이는데.

• **어휘: blind 눈 먼 bat 박쥐**

DAY 49

월 일 요일

"위대한 성공은 고난과 시련에서 탄생합니다."

STEP 1 문장반복을 한번만 듣고, 들리는 대로 쓴다

문장 **090** CD 5 09 ▶ ______________________________

문장 **091** CD 5 10 ▶ ______________________________

STEP 2 강의를 들으며 연습하고 잘 안 들리는 부분을 체크한다

CD 5 11 ▶

STEP 3 문장반복을 들으며 복습한다

CD 5 09~10 ▶

STEP 4 자신의 소리를 녹음해서 듣고 원음과 비교해본다

영문 및 뜻 확인

090 You got a match?
혹시 성냥 있어?

091 I'll break my neck in here.
난 여기서 내가 할 수 있는 최선을 다할게.

• **어휘: break one's neck 목표를 이루기 위해 최선을 다하다**

DAY 50

월 일 요일

"소리가 자연스럽게 귀에 스며들 때까지 들어서 익히면 됩니다."

STEP 1 문장반복을 한번만 듣고, 들리는 대로 쓴다

STEP 2 강의를 들으며 연습하고 잘 안 들리는 부분을 체크한다

CD 5 15

STEP 3 문장반복을 들으며 복습한다

CD 5 12~14

STEP 4 자신의 소리를 녹음해서 듣고 원음과 비교해본다

영문 및 뜻 확인

092 Where are you?
어디에 있니?

093 I've got a gun.
난 총을 가지고 있어.

094 Yeah, I know.
어, 알아.

DAY 51

월 일 요일

그동안 연습한 'Scene 7'의 원음을 한번에 통째로 들어보세요. 마찬가지로 영화의 스크립트는 나중에 확인하고, 소리에만 집중해서 들어봐야 합니다. 그리고 처음에 들었을 때보다 얼마나 잘 들리는지 비교해보세요. 그 후에는 비디오나 DVD를 통해 영화를 실제로 보면서 들어봐도 좋습니다.

CD 4 26

• 실제 영화에서 이 장면이 등장하는 시간: 1:34:34~1:35:32
(비디오나 DVD 제조사마다 시간은 약간 다를 수 있습니다.)

Scene 7 / 전체 스크립트

- 영화의 전체 스크립트 내용 중에 색으로 표시된 단어나 문장은 강의에는 포함되지 않은 것들입니다. 소리가 너무 작아 연습 재료로 쓰기에는 부적절하거나 반복적인 것들을 제외했기 때문입니다. 이런 내용은 스크립트를 통해 확인만 하세요.

Chief	Another boy and girl just ran into the planetarium.
	We don't know if they're armed.
	Hold your positions until further instruction.
Jim	Plato. You in there?
	You're my friend, Plato.
	That means a lot to me.
	Hey, I'm gonna open the door now.
	You can shoot me if you want to. OK?
	Boy, I'm blind as a bat.
	You got a match?
	I'll break my neck in here.
	Where are you?
Plato	I've got a gun.
Jim	Yeah, I know.

DAY 52

이번 주에 배운 모든 문장을 듣고 받아 적어보세요. 그리고 잘 안 들리는 문장 위주로 복습하세요.

문장 **081** ______________________

문장 **082** ______________________

문장 **083** ______________________

문장 **084** ______________________

문장 **085** ______________________

문장 **086** ______________________

문장 **087** ______________________

문장 **088** ______________________

문장 **089** ______________________

문장 **090** ______________________

문장 **091** ______________________

문장 **092** ______________________

문장 **093** ______________________

문장 **094** ______________________

★ 영어를 글이 아닌 소리로 연습하면 절대로 잊어버리지 않아요

-김홍복('윤재성 영어' 온라인 회원)

저는 남보다 늦은 나이에 대입의 꿈을 안고 입시 학원에 다니면서부터 영어공부에 열을 올렸습니다. 두꺼운 단어 책을 암기하면서 결국 수도권 4년제 대학에 입학하게 되었지요. 그러나 건강 때문에 학교를 그만두면서 영어공부에서 손을 놓게 되었는데, 그 순간부터 그렇게 힘들게 외웠던 단어, 문법의 공든탑이 하루아침에 와르르 무너지는 아픔을 겪었습니다. '운동은 한 번 배우면 잊어버리지 않는데, 왜 영어는 아무리 노력해도 나중엔 다 잊어버리는 걸까?' 고통스럽게 끝도 없이 해야만 하는 영어공부에 대한 회의가 들었던 것입니다.

저의 이런 의문은 소리영어를 하면서 풀렸습니다. 영어를 공부가 아닌 운동연습을 하듯이 입과 귀로 연습하면 중간에 그만둬도 절대 잊어버리지 않는다는 것을 몇 번이나 경험했기 때문입니다. 몸이 좋지 않은 관계로 처음 1년간은 두어 달 연습하다가 쉬는 것을 반복했는데, 그때마다 그동안 연습했던 것이 고스란히 남아있었던 것을 느꼈던 것이지요. 체험적인 확신으로 동기부여가 되자, 이후에는 1년간 쉬지 않고 꾸준히 연습할 수 있었습니다. 그리고 지금은 모든 영화의 80퍼센트 이상이 들리는 수준에 올랐습니다. 배운 것을 잊어버리지 않고 하나하나 쌓아올릴 수 있었기 때문이라고 생각합니다. 진작에 꾸준히 할 수 있었더라면 더 좋았겠지만 결국엔 영어를 완벽하게 할 수 있을 거라고 확신합니다.

Scene 8

제임스 딘 주연의 영화 「이유 없는 반항」(Rebel Without A Cause) 중의 한 장면입니다. 여덟 번째로 연습할 장면은 약 2분 17초의 길이이며 여기서 연습할 주요 문장은 15개입니다. 스크립트를 보지 말고, 얼마나 들리는지 뒷 페이지에 적어보세요.

「이유 없는 반항」 Scene #8

CD 5 16

write

DAY 53

월 일 요일

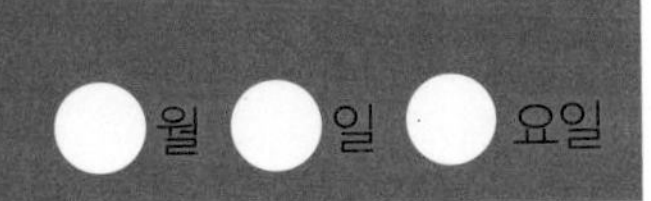

STEP 1 문장반복을 한번만 듣고, 들리는 대로 쓴다

문장 **095** CD 5 17 ▶ ____________________

문장 **096** CD 5 18 ▶ ____________________

문장 **097** CD 5 19 ▶ ____________________

문장 **098** CD 5 20 ▶ ____________________

STEP 2 강의를 들으며 연습하고 잘 안 들리는 부분을 체크한다

CD 5 21 ▶

STEP 3 문장반복을 들으며 복습한다

CD 5 17~20 ▶

STEP 4 자신의 소리를 녹음해서 듣고 원음과 비교해본다

영문 및 뜻 확인

095 How can I talk to you if I can't see you, Plato?
네가 보이지 않으면 너랑 어떻게 얘기할 수 있겠어, 플라토?

096 I can't talk to you if I can't see you.
네가 보이지 않으면 난 너랑 얘기할 수 없어.

097 Come on, stand up.
어서, 일어나.

098 You've seen this show before. Come on.
너 전에 이 쇼를 본 적 있잖아. 어서.

DAY 54

월 일 요일

"언어는 학문이 아닙니다. 그저 기능일 뿐입니다."

STEP 1 문장반복을 한번만 듣고, 들리는 대로 쓴다

문장 **099** CD 5 22 ________________

문장 **100** CD 5 23 ________________

문장 **101** CD 5 24 ________________

STEP 2 강의를 들으며 연습하고 잘 안 들리는 부분을 체크한다

CD 5 25

STEP 3 문장반복을 들으며 복습한다

CD 5 22~24

STEP 4 자신의 소리를 녹음해서 듣고 원음과 비교해본다

영문 및 뜻 확인

099 Do you see that star up there?

저기 위에 있는 별을 보고있니?

100 Stand up. Look at it.

일어서서 한번 봐봐.

101 Well, I can't talk to you if I can't see you.

음, 난 네가 보이지 않으면 너에게 말할 수 없어.

• **어휘: up there 저 높은 곳에**

DAY 55

월 일 요일

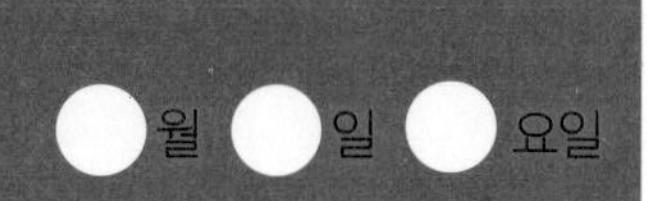

STEP 1 문장반복을 한번만 듣고, 들리는 대로 쓴다

문장 **102** CD 5 26 ____________________

문장 **103** CD 5 27 ____________________

문장 **104** CD 5 28 ____________________

STEP 2 강의를 들으며 연습하고 잘 안 들리는 부분을 체크한다

CD 5 29

STEP 3 문장반복을 들으며 복습한다

CD 5 26~28

STEP 4 자신의 소리를 녹음해서 듣고 원음과 비교해본다

영문 및 뜻 확인

102 I'm not gonna hurt you or anything like that, Plato.

난 너를 해치거나 그런 짓을 하지 않을 거야, 플라토.

103 Why did you run out on me?

왜 날 두고 도망쳤어?

104 We didn't run out on you.

우린 널 두고 도망치지 않았어.

• **어휘: run out on (친구, 아내 등을) 버리다**

DAY 56

월 일 요일

"시간을 값지게 보내려면 뭘 해야 하는지 끊임없이 자문하세요."

STEP 1 문장반복을 한번만 듣고, 들리는 대로 쓴다

STEP 2 강의를 들으며 연습하고 잘 안 들리는 부분을 체크한다

CD 5 33

STEP 3 문장반복을 들으며 복습한다

CD 5 30~32

STEP 4 자신의 소리를 녹음해서 듣고 원음과 비교해본다

영문 및 뜻 확인

105 We were coming right back, I told you.

우린 바로 돌아오고 있었어, 내가 말했잖아.

106 You sure? / Sure, I'm sure.

확실해? / 물론 당연하지.

107 Judy's here. She's waiting. Come on. Come on.

쥬디는 여기에 있어. 기다리고 있어. 어서 나와.

DAY 57

월 일 요일

STEP 1 문장반복을 한번만 듣고, 들리는 대로 쓴다

문장 **108** CD 6 01 ▶ ______________________________

문장 **109** CD 6 02 ▶ ______________________________

STEP 2 강의를 들으며 연습하고 잘 안 들리는 부분을 체크한다

CD 6 03 ▶

STEP 3 문장반복을 들으며 복습한다

CD 6 01~02 ▶

STEP 4 자신의 소리를 녹음해서 듣고 원음과 비교해본다

영문 및 뜻 확인

108 Not ready to come out yet?

아직도 나올 준비가 안 됐니?

109 Promise you nothing will happen if you do.

약속할게, 네가 그렇게만 하면 아무런 일이 생기지 않을 거야.

그동안 연습한 'Scene 8'의 원음을 한번에 통째로 들어보세요. 마찬가지로 영화의 스크립트는 나중에 확인하고, 소리에만 집중해서 들어봐야 합니다. 그리고 처음에 들었을 때보다 얼마나 잘 들리는지 비교해보세요. 그 후에는 비디오나 DVD를 통해 영화를 실제로 보면서 들어봐도 좋습니다.

CD 5 016

• 실제 영화에서 이 장면이 등장하는 시간: 1:36:25~1:37:52
(비디오나 DVD 제조사마다 시간은 약간 다를 수 있습니다.)

Scene 8 / 전체 스크립트

- 영화의 전체 스크립트 내용 중에 색으로 표시된 단어나 문장은 강의에는 포함되지 않은 것들입니다. 소리가 너무 작아 연습 재료로 쓰기에는 부적절하거나 반복적인 것들을 제외했기 때문입니다. 이런 내용은 스크립트를 통해 확인만 하세요.

Jim	How can I talk to you if I can't see you, Plato? Uh-huh?
	I can't talk to you if I can't see you.
	Come on, stand up.
	You've seen this show before. Come on.
	Do you see that star up there? Plato?
	Stand up. Look at it.
	Well, I can't talk to you if I can't see you.
	That's all there is to it. 그렇게만 하면 돼.
	I'm not gonna hurt you or anything like that, Plato.
Plato	Why did you run out on me?
Jim	We didn't run out on you.
	We were coming right back, I told you.
Plato	You sure?
Jim	Sure, I'm sure.
	Judy's here. She's waiting.
	Come on. Come on.
	No? Not ready to come out yet?
Plato	No.
Jim	No? OK. Promise you nothing will happen if you do.

DAY 59

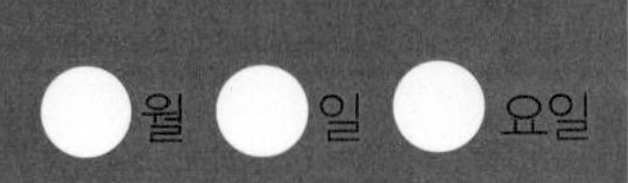

이번 주에 배운 모든 문장을 듣고 받아 적어보세요. 그리고 잘 안 들리는 문장 위주로 복습하세요.

문장 **095** ______________________________

문장 **096** ______________________________

문장 **097** ______________________________

문장 **098** ______________________________

문장 **099** ______________________________

문장 **100** ______________________________

문장 **101** ______________________________

문장 **102** ______________________________

문장 **103** ______________________________

문장 **104** ______________________________

문장 **105** ______________________________

문장 **106** ______________________________

문장 **107** ______________________________

문장 **108** ______________________________

문장 **109** ______________________________

★ 2년만 꾸준히 하면 미국 초등학생 수준의 영어를 구사할 수 있습니다.

-이귀열(소리영어 트레이너)

이 방법으로 연습한지 2년이 되었습니다. 원장님이 제시하는 대부분의 영어 소리가 들린다는 1년을 지나 2년간 꾸준히 연습한 것이지요. 그 결과 저는 실제로 영화나 드라마를 보면 모든 소리를 들을 수 있습니다. 그리고 저의 영어를 들어본 사람이라면 누구나 저를 교포라고 착각합니다. 한국 사람들이 영어를 익히기 어려운 것은 소리가 들리지 않기 때문이라는 것을 저도 처음엔 반신반의했지만, 이제는 소리만 들을 수 있다면 그 뜻과 글을 배우는 일이 매우 쉽다는 것을 경험으로 확인했습니다.

저는 어학연수를 가본 적도 심지어 토익 시험을 본 적도 없습니다. 그러나 저는 처음 영어를 배운지 2년 만에 미국 초등학생 수준의 영어를 하게 되었습니다. 정치나 경제 분야 등에 대한 어휘력은 미국인들보다 부족하지만, 일상적인 소리는 다 알아듣고 낼 수도 있기 때문입니다. 고시공부를 하듯이 머리를 싸매고 공부한 것도 아닙니다. 마치 노래연습을 하듯이 원장님이 지도해주는 대로 소리를 듣고 따라 했을 뿐입니다. 진짜 미국 초등학교 학생들 수준으로 영어를 하고 싶다면 꾸준하게 2년만 확신을 가지고 연습하세요. 저처럼 반드시 성공할 것입니다.

Scene 9

제임스 딘 주연의 영화 「이유 없는 반항」(Rebel Without A Cause) 중의 한 장면입니다. 아홉 번째로 연습할 장면은 약 2분 46초의 길이이며 여기서 연습할 주요 문장은 16개입니다. 스크립트를 보지 말고, 얼마나 들리는지 뒷 페이지에 적어보세요.

「이유 없는 반항」 Scene #9

CD 6 04

write

DAY 60

"외우지 마십시오. 외우려고 하는 한 절대로 영어를 배울 수 없습니다."

STEP 1 문장반복을 한번만 듣고, 들리는 대로 쓴다

문장 **110** CD 6 05 ▶ ______________________________

문장 **111** CD 6 06 ▶ ______________________________

문장 **112** CD 6 07 ▶ ______________________________

STEP 2 강의를 들으며 연습하고 잘 안 들리는 부분을 체크한다

CD 6 08 ▶

STEP 3 문장반복을 들으며 복습한다

CD 6 05~07 ▶

STEP 4 자신의 소리를 녹음해서 듣고 원음과 비교해본다

영문 및 뜻 확인

110 Can I keep it?

내가 가져도 돼?

111 Well, what do you think?

음, 무슨 생각하니?

112 Hey, now can I have the... have the gun, Plato?

이봐, 이제 내가 그 총을 가져도 되니, 플라토?

DAY 61

월 일 요일

"정확하게 들릴 때까지 들으세요."

STEP 1 문장반복을 한번만 듣고, 들리는 대로 쓴다

문장 **113** CD 6 09 ______________________

문장 **114** CD 6 10 ______________________

문장 **115** CD 6 11 ______________________

문장 **116** CD 6 12 ______________________

STEP 2 강의를 들으며 연습하고 잘 안 들리는 부분을 체크한다

CD 6 13

STEP 3 문장반복을 들으며 복습한다

CD 6 09~12

STEP 4 자신의 소리를 녹음해서 듣고 원음과 비교해본다

영문 및 뜻 확인

113 You wanna give it to me?

그걸 나한테 주고 싶어?

114 My gun? / Yeah. In your pocket.

내 총? / 음. 네 주머니에 있는 거.

115 Give it to me.

그거 나한테 줘.

116 No, I need it.

아냐, 내가 필요해.

DAY 62

월 일 요일

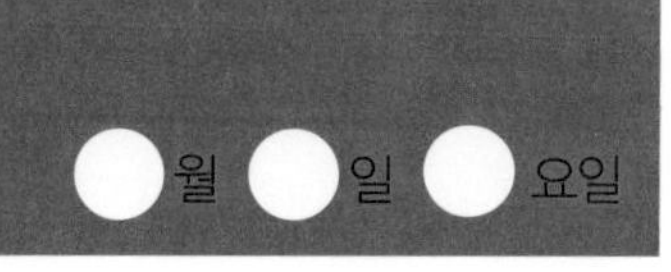

STEP 1 문장반복을 한번만 듣고, 들리는 대로 쓴다

문장 **117** CD 6 14 ▶ ____________________

문장 **118** CD 6 15 ▶ ____________________

문장 **119** CD 6 16 ▶ ____________________

STEP 2 강의를 들으며 연습하고 잘 안 들리는 부분을 체크한다

CD 6 17 ▶

STEP 3 문장반복을 들으며 복습한다

CD 6 14~16 ▶

STEP 4 자신의 소리를 녹음해서 듣고 원음과 비교해본다

영문 및 뜻 확인

117 Don't you trust me, Plato?

나를 못 믿니, 플라토?

118 Give it to me for a second.

나한테 잠깐만 줘봐

119 Been carrying this around all day?

이걸 하루 종일 들고 다닌 거야?

DAY 63

월 일 요일

"어떤 지식도 실제로 경험한 것을 넘어설 수는 없습니다."

STEP 1 문장반복을 한번만 듣고, 들리는 대로 쓴다

문장 **120** CD 6 18 ▶ ________________

문장 **121** CD 6 19 ▶ ________________

문장 **122** CD 6 20 ▶ ________________

STEP 2 강의를 들으며 연습하고 잘 안 들리는 부분을 체크한다

CD 6 21 ▶

STEP 3 문장반복을 들으며 복습한다

CD 6 19~20 ▶

STEP 4 자신의 소리를 녹음해서 듣고 원음과 비교해본다

영문 및 뜻 확인

120 Now, there's a lot of people out front. Plato?

이제 저 밖에 많은 사람들이 있어. 플라토?

121 You promised to give it back.

그거 나한테 돌려주기로 약속했잖아.

122 Friends always keep their promises.

친구끼리는 항상 약속을 지키는 법이지.

DAY 64

월 일 요일

"사람은 자신의 생각을 바꿈으로써 인생을 바꿀 수 있는 존재입니다."

STEP 1 문장반복을 한번만 듣고, 들리는 대로 쓴다

문장 **123** CD 6 22 ▶ ____________________

문장 **124** CD 6 23 ▶ ____________________

문장 **125** CD 6 24 ▶ ____________________

STEP 2 강의를 들으며 연습하고 잘 안 들리는 부분을 체크한다

CD 6 25 ▶

STEP 3 문장반복을 들으며 복습한다

CD 6 22~24 ▶

STEP 4 자신의 소리를 녹음해서 듣고 원음과 비교해본다

영문 및 뜻 확인

123 These people, You know all of them, everyone of them wanna see that you're safe.
이 사람들… 있잖아 저들 모두 말이야, 모든 사람들은 네가 안전한 걸 보고 싶어해.

124 You understand that?
무슨 말인지 이해해?

125 They want you to be safe.
그들은 네가 안전하길 원해.

DAY 65

월 일 요일

그동안 연습한 'Scene 9'의 원음을 한번에 통째로 들어보세요. 마찬가지로 영화의 스크립트는 나중에 확인하고, 소리에만 집중해서 들어봐야 합니다. 그리고 처음에 들었을 때보다 얼마나 잘 들리는지 비교해보세요. 그 후에는 비디오나 DVD를 통해 영화를 실제로 보면서 들어봐도 좋습니다.

CD 6 4

• 실제 영화에서 이 장면이 등장하는 시간: 1:38:04~1:40:32
(비디오나 DVD 제조사마다 시간은 약간 다를 수 있습니다.)

Scene 9 / 전체 스크립트

- 영화의 전체 스크립트 내용 중에 색으로 표시된 단어나 문장은 강의에는 포함되지 않은 것들입니다. 소리가 너무 작아 연습 재료로 쓰기에는 부적절하거나 반복적인 것들을 제외했기 때문입니다. 이런 내용은 스크립트를 통해 확인만 하세요.

Ray Can I keep it?

Jim Well, what do you think?
Hey, now can I have the... have the gun, Plato?
You wanna give it to me?

Plato My gun?

Jim Yeah. In your pocket.
Give it to me.

Plato No... No, I need it.

Jim Yeah... Don't you trust me, Plato?
Just give it to me for a second.
Uhh... Been carrying this around all day?
Now, there's a lot of people out front. Plato? Plato?

Plato You promised to give it back.

Jim Friends always keep their promises.
Well. Uhm. These people, uhmm You know all of them, every one of them wanna see that you're safe.
You understand that?
They want you to be safe.

DAY 66

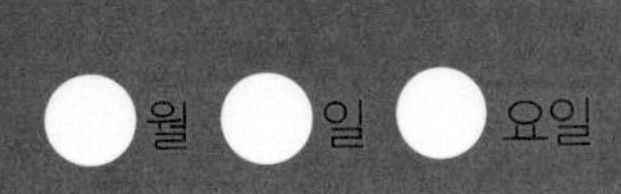

이번 주에 배운 모든 문장을 듣고 받아 적어보세요. 그리고 잘 안 들리는 문장 위주로 복습하세요.

문장 **110** ____________________

문장 **111** ____________________

문장 **112** ____________________

문장 **113** ____________________

문장 **114** ____________________

문장 **115** ____________________

문장 **116** ____________________

문장 **117** ____________________

문장 **118** ____________________

문장 **119** ____________________

문장 **120** ____________________

문장 **121** ____________________

문장 **122** ____________________

문장 **123** ____________________

문장 **124** ____________________

문장 **125** ____________________

66일 트레이닝을 마치며...

안녕하세요. 윤재성입니다.

사실 온 · 오프라인을 통해 많은 수강생분들을 만나면서 가장 많이 듣는 질문 중에 하나가 '하루에 겨우 이 정도만 배워도 충분할까요?'입니다. 제가 하루 연습 분량을 평균 세 문장 정도로 정한 것은 이 정도 분량으로 1년만 꾸준히 연습한다면, 상상하기 힘든 정도의 놀라운 성과를 얻을 수 있다는 것을 경험으로 증명했기 때문입니다. 영어 익히기가 어려워서 그만두는 분들보다 초반에 너무 무리해서 연습하다가 제 풀에 지쳐 포기하는 분들이 더 많다는 것도 알게 되었습니다.

마라톤을 처음 시작한 사람은 얼마 뛰지도 못하고 지칩니다. 당연한 결과입니다. 그러나 지속적으로 훈련을 하면 결국에는 완주도 할 수 있게 됩니다. 우리에게 익숙하지 않은 발성으로 영어를 배우는 것은 쉽지 않은 일입니다. 그러나 영어식 기본 발성이 익숙해지는 단계만 넘어가면 그 다음부터는 탄력을 받아서 소화할 수 있는 연습량도 부쩍 늘게 될 것이고, 실력도 많이 늘게 될 것입니다.

'66일 트레이닝'을 통해 실력이 부쩍 좋아졌다는 것을 느낀 분들도 있을 테고, 생각보다 만족스러운 결과를 얻지 못했다고 생각하는 분들도 있을 것입니다. 그러나 결국에 영어를 잘하게 된 분들을 보면, 전혀 들리지 않던 문장이 선명하게 들린다는 것에 매우 기뻐했다는 공통점이 있습니다. 들리지 않는 한 문장 때문에 실망하기보다는, 들리는 한 문장에 기쁨을 느끼는 사람들이 그런 기쁨들을 하나하나 모아서 결국 성공을 이루어낸 것이라고 저는 믿습니다.

이 방법으로 영어를 배우는 많은 사람들을 보면서 항상 당부하는 것은 '확신을 가지고 천천히, 그리고 꾸준히' 연습하라는 것입니다. 하루 세 문장이 힘든 분들은 하루에 한 문장만 연습해도 좋습니다. 이 방법에 익숙해지면 나중에는 하루에 연습할 수 있는 양이 더 많아질 것이니 처음부터 너무 무리하지 마십시오. 단지 매일매일 한 문장씩 선명하게 듣고 소리 낼 수 있게 되는 것에 기뻐하다 보면 머지 않아 원어민처럼 영어를 하게 될 것입니다. 한 걸음씩 오르면 정상에 오르는 것은 시간 문제일 뿐입니다. 서두르면 숨이 차고, 결국에는 포기하게 됩니다. 천천히, 그러나 확신을 가지고 영어라는 산을 정복하시길 바랍니다.

더불어 우리에게는 글을 가르쳐 줄 선생이 필요한 게 아니라 소리를 선명하게 들을 수 있도록 돕는 가이드가 필요합니다. 영어의 진짜 소리가 선명하게 들린다면 누구나 원어민 강사가 없더라도, 미국에 어학연수 가지 않더라도 영화나 드라마만으로 영어를 우리말처럼 익힐 수 있습니다. 영어로 낭비되는 모든 비용과 노력, 사교육 문제들이 확실하게 해결될 수 있는 방법은 '소리영어'가 유일합니다.

영어 소리에 대한 사실만 알면 한국인도 영어를 우리말처럼 배울 수 있다는 것을 잊지 마시고, 쉽고 편안하게 영어를 '소리'로 다시 배워보세요. 감사합니다.

윤재성 원장

우리말처럼 영어 말문이 터지는 3단계 발성 훈련법

윤재성의 소리영어 66일 TRAINING

초판 1쇄 발행 2014년 12월 10일
초판 15쇄 발행 2024년 3월 1일

지은이 윤재성
펴낸이 김선식

부사장 김은영
콘텐츠사업본부장 박현미
콘텐츠사업4팀장 임소연 **콘텐츠사업4팀** 황정민, 박윤아, 옥다애, 백지윤
마케팅본부장 권장규 **마케팅1팀** 최혜령, 오서영, 문서희 **채널1팀** 박태준
미디어홍보본부장 정명찬 **브랜드관리팀** 안지혜, 오수미, 김은지, 이소영
뉴미디어팀 김민정, 이지은, 홍수경, 서가을, 문윤정, 이예주
크리에이티브팀 임유나, 박지수, 변승주, 김화정, 장세진, 박장미, 박주현
지식교양팀 이수인, 염아라, 석찬미, 김혜원, 백지은
편집관리팀 조세현, 김호주, 백설희 **저작권팀** 한승빈, 이슬, 윤제희
재무관리팀 하미선, 윤이경, 김재경, 이보람, 임혜정
인사총무팀 강미숙, 지석배, 김혜진, 황종원
제작관리팀 이소현, 김소영, 김진경, 최완규, 이지우, 박예찬
물류관리팀 김형기, 김선민, 주정훈, 김선진, 한유현, 전태연, 양문현, 이민운

펴낸곳 다산북스 **출판등록** 2005년 12월 23일 제313-2005-00277호
주소 경기도 파주시 회동길 490 다산북스 파주사옥 3층
전화 02-702-1724
팩스 02-703-2219 **이메일** dasanbooks@dasanbooks.com
홈페이지 www.dasanbooks.com **블로그** blog.naver.com/dasan_books
용지 아이피피 **인쇄 및 제본** 상지사 **코팅 및 후가공** 평창피앤지

ISBN 979-11-306-0437-4 (13740)